本书是2022年河南省软科学项目
"乡村振兴背景下县域产业发展路径研究"（项目号222400410150）的结项成果

县域产业打造的

xianyu chanye dazao de
difang zhengfu xingdong luoji

地方政府行动逻辑

高博　著

上海三联书店

内容简介

本书尝试从社会理论的角度对有关产业和政府关系的理论及经验研究展开批判性的反思和重构,厘清发展型地方政府的主要特征,借此建设性地扬弃既有学说,提出用以补充经济社会学制度主义范式的结构—利益理论框架;并以此框架为观察和分析视角,深入考察豫北县主导产业打造过程中的政府行为模式和变迁路径,以期理解并解释分析地方政府的产业选择动机以及具体行动机制,来展现产业发展中的政府行动逻辑。

本书探讨了在产业基础薄弱的情况下,地方政府如何打造一个初具规模效应的主导产业。研究表明,地方政府的产业打造过程是政治职能和经济职能相结合的过程。在相同的政策背景下,经济基础薄弱的地方政府之所以敢于冒险,能够克服本地基础薄弱的产业发展的"惰性",主要是因为地方政府的自主性不断提高,并且其在与市场互动中的自主能力不断增强。地方政府的"自主"能力一方面源于追求经济增长的组织利益和个体政治利益驱动,另一方面也源于追求社会福祉的地方性价值提升的社会利益驱动。相对于宏观的国家而言,地方政府是嵌入于政治和社会整体结构中的,通过发挥自主能力来控制风险并实现既定目标。政治和社会作为地方政府产业打造的制度环境要素,极大地塑造了地方政府的行为,并在与地方政府行动的相互作用中不断变化。地方政府在产业打造过程的不同阶段受到不同因素的影响,形成了不同的行动策略,但其背后的行动逻辑都建立在创新和韧性的基础上。地方政府在进行市场建设过程中，市场也在不断向政府提供反馈信息。地方政府通过市场建设积累经验，并建立起市场信息联通渠道。从这个意义上说，地方政府的能力建设与市场建设相互影响和相互塑造。

目 录

全书导论

　　地方政府对于经济发展的作用在学界基本达成共识,即地方政府是推动经济发展和市场化改革的重要力量。以往研究从行为动机、行为模式、行为逻辑等视角探讨了市场中的地方政府行为,但往往有意无意地忽略了社会对政府行为的影响。社会学者虽然将政府置于社会网络中,并从国家—社会的角度来探讨市场中的政府行为,但也常常陷入静态分析的陷阱中。本书认为,地方政府的行动逻辑是一个连续的历史动态变迁过程。因此有必要将其放在具体的时空维度加以分析。从纵向的时间轴来看,一个行动也许是另一个行动的开端与原因,而并非孤立的存在。而且,地方政府的行动不仅受到制度环境和社会网络关系的制约,也受到历史条件的限制。即使在同样的制度环境中,不同地区的地方政府行为也各有差异。因此,有必要将产业打造中的地方政府行为放入一个边界清晰的时空场域中加以分析。同时,以往研究多将目光投向成功案例,而忽略了更为普遍的产业打造"非成功"或者"未完成"的案例,而这些案例更具现实意义。本书研究的案例豫北县即是其中的典型。

　　本书尝试从经济社会学的制度主义视角切入,通过对豫北县主导产业打造过程的分析来回答地方政府的主导产业选择以及如何进行主导产业打造等问题。本文分析了地方政府在产业基础十分薄弱的条件下如何打造出一个初具规模效应的主导产业。地方政府作为行动主体全程参与了产业打造过程,不仅制定了具体的产业政策,而

1

且动员各种行政和社会资源为产业打造提供助力。在产业打造之初,地方政府运用非市场机制来获取市场信息,通过行会和企业建立了与市场的联通机制。在后期快速发展阶段,地方政府自上而下都保持了较高的行政效率,从招商到企业进驻到开工建设都在极短的时间内得以完成。

本书主要分为7章3个部分。

第一部分主要在梳理前人研究的基础上提出本文的研究方法和框架结构,包括导论、第一章和第二章。导论首先从研究背景着手,提出研究问题,并指出本书的研究方法。第一章为文献综述部分,主要以地方政府行动和产业发展为主题,以分类方式总结梳理相关文献。第二章主要说明文章所采用的理论框架。在既往研究的基础上,本文提出了一种综合分析的理论框架。经济社会学以嵌入性作为理论起点,认为经济行为嵌入于社会行为和社会结构中。本文以经济社会学的制度主义理论为理论出发点,从地方政府的"嵌入性"和"自主性"着手分析其在产业打造过程中的行动逻辑。在地方政府打造产业过程中,地方政府作为一个相对"自主"的组织,在特定的市场场域中作为一个行动主体参与经济活动。地方政府嵌入于政治—社会结构中,行动受到了政治、社会因素的影响,也受到利益因素的驱动。在多重因素的叠加作用下,地方政府的行动也随之改变。

第二部分是具体的阐述分析部分,包括第三章、第四章、第五章和第六章的内容。本书主要从产业政策选择、产业目标转型、产业发展机遇转化及政企关系与产业结构变迁等角度来探讨产业打造过程的一系列问题。第三章主要讨论豫北县政府为什么打造产业及为什么选择家具产业作为主导产业的问题。这一章节主要介绍了豫北县的基本情况和产业发展历史,以此展开对豫北县打造主导产业的分析。通过历史追溯,确定了豫北县政府产业打造的逻辑起点,并分析了豫北县产业落后的原因,及政府的行动变迁特点。第四章主要讨论豫北县政府产业转型过程中的目标转向问题。在产业发展中,豫北县产业打造经历了由积极向好转为低迷维持。在本章中重点关注豫北县政府为什么及如何坚持初始目标的问题。豫北县政府经过市场萎靡的发展阶段,面对困难并没有改变原初既定的产业打造目标,而是通过短期目标调整来渡过困难时期。在此过程中,豫北县政府的自主性和自主能力进一步增强。在第五章中重点关注豫北县政府如何将政策机遇转换成产业发展机遇,以及在这一过程中如何进行组织动员的问题。这一时期,豫北县家具产业集聚初步形成,规模扩大,在短时间内迅速扩张,数百家企业落地并开工建设。在产业快速发展阶段,豫北县政府通过积极的组织动员机制将政策机遇转化为产业发展动能。第六章主要关注产业结构调整过程中的政企关系问题。在这一章中也对地方政府的行动进行了归纳,主要从政企关系的变化讨论政府的行动逻辑。产业发展并非朝夕之事,而是长久之计,因此,即使豫北县目前已经形成有效产业集聚,完成初始目标,仍处于产业发展前期阶段。本文的关注点并不在于地方政府产业打造是否成功,或者达到理想发展状态,而是想讨论地方政府打造过程中面对选择和风险所采取的行动逻辑和其背后的机制。

　　第三部分是第七章,为结论和讨论部分。结论部分主要是对前文观点的总结。本文认为在同样的政策背景下,地方政府敢于冒险、能够克服"惰性"发展本地经济,主要在于地方政府自主性和自主能力不断增长。嵌入于政治—社会结构中的地方政府通过自主能力的发挥来控制风险,完成既定目标。政治、市场、社会作为地方政府产业打造的制度环境要素,形塑了地方政府行为,并在与地方政府行动的互构中不断变化,从而使打造过程呈现出阶段性特点。地方政府打造产业过程的阶段性特征主要表现为,不同的阶段由不同要素影响政府的行动。在第一阶段,地方政府主要受国家和社会结构影响,市场的力量相对较弱;在后两个阶段中,随着产业逐步成型,市场的力量也逐渐加大,越来越成为主导因素。另外,地方政府与企业间的关系也呈现出阶段性,亲清的政商关系主要与政府的服务意识和监督制度相关。在讨论部分中,主要就市场建设和国家建设的关系进行了探讨。经济社会学家强调市场建设与国家建设的相互促进关系,认为市场建设是国家建设的一部分。而这实际上假设了先有一个强大的国家和强能力的政府,然后再有政府引导乃至主导下的"理性"的市场建构。本书研究表明,主导性地方产业的打造作为一种市场建构,与地方政府能力建设是可以同步互构的。在最后的贡献与不足部分,本文对埃文斯的"嵌入式自主"做了降维处理,在一定程度上扩大了其在中层的解释力,并且对地方政府的个性化和多元化的行动模式做出了相关解释。但囿于具体研究手段的缺陷,"嵌入式自主"的概念究竟在何种范围内具有解释力,还有待之后更多的经验事实补充验证。

导　论

一、研究背景：地方政府与产业发展

40多年的改革开放为中国带来了巨大的改变。这一改变首先表现为经济上的巨幅增长，无论是 GDP 还是人均 GDP 都已远远超出预期，并将中国送上了世界第二大经济体的位置。虽然这些显著的成就依托于市场经济的兴起，但在中国这个复杂的制度环境下，市场力量只是其中的推动力量之一，另一个不可忽视的力量则是政府。社会学、政治学、经济学、管理学领域的众多学者都注意到了政府对经济的重要影响，并将改革开放后的经济发展归功于政府的核心作用(洪银兴,1996)。从中央政府到地方政府，各级政府在推动中国经济发展中均作出了重要贡献。中央政府在方针政策上确定方向，具体的实践是交由地方政府完成的。很多地方发展模式中，地方政府是经济发展的主导者和先行者，政府与各种经济行为有着直接的关系。尤其是涉及经济发展方向和规划的问题，政府是最重要的决策者。

在过去40年中，中国政府的央地关系同样经历了多次调整，并对经济发展产生了深远的影响。比如1993年的分税制改革，很多学者都将其视为地方政府追求经济增长、积极促进市场转型的动力。随着行政管理体制改革的深入，中央权力精简下放，地方政府的自主权增大,地方政府更有动力发展地方经济。地方政府成了影响本地经济发展的重要因素,不仅在宏观规划上引导地方经济的发展,更是积极参与到具体的经济活动中。在此期间,地方政府处于核心位置,同时也为市场经济发展做出了重要贡献。

而政府与市场边界问题一直是学界讨论的热点。在对地方经济状况进行深入的调查研究后,社会科学界的学者们纷纷提出了自己的观点。比如,在对比了"苏南模式"和"浙江模式"后,有学者认为,"强政府"有助于集中资源,从而迅速形成规模并能有效应对经济风险;而"弱政府"则有助于市场经济发展,提高民营企业活力。有学者认为,随着改革开放的深入与市场制度的完善,政府应逐步弱化其市场性行为,将市场的交还给市场(洪银兴,1997)。更有学者指出,政府干预行为是阶段性的,在前期追赶阶段,政府积极作用较为明显,当经济已经发达到一定程度,政府的消极作用显现,在后期政府应该退出市场(耿曙,2017)。党的十八大报告也提出,"要按照建立中国特色社会主义行政体制目标,深入推进政企分开、政资分开、政事分开、政社分开,建设职能科学、结构优化、廉洁高效、人民满意的服务型政府"(胡锦涛,2012)。到了改革开放中期阶段,地方政府应如何把握自己在经济发展中的角色定位? 在向服务型政府转型期的过程纵横,地方政府如何处理与企业和地方产业的关系? 本文尝试回答这些问题。

地方政府往往以各种方式活跃在经济第一线。尤其是县级政府,作为拥有经济决策权的基层政府[①]对经济发展有着重要的影响。县级政府既是具体经济规划的制定者也是执行者,因此,考察县级政府的行动逻辑是探索我国经济发展现状及原因的重要路径。县域经济是一个涵盖了多方面内容的体系,很难将其全面展示。产业是经

[①] 虽然我国目前的最基层的政府组织——乡镇级政府——同样拥有经济决策权,但是现实中大部分乡镇级政府是服从者而较少担任决策者。

济发展的一个重要载体,产业对经济发展的推动作用是不言而喻的,因而我国各级政府都比较重视产业发展。实践证明,一个地区的产业往往反映出该地区的经济活力及发展态势。如果一个地区产业较成熟,产业链条完善,这个地区的经济往往较为发达。相反,如果一个地区没有一个较为完整的产业形态,该地区经济往往差强人意。从另一个角度而言,如果想要促进一个地区的经济发展,寻求一个合适的产业进行深耕不失为一条发展捷径。在以往的研究中,往往多从成功的案例中总结经验,而较少关注结果尚未明确的产业打造过程。但是前期的产业打造过程反而更能反映出产业成长的常态,即地方产业如何从无到有逐渐生长。

产业之所以对经济增长有较好的推动效果,主要是因为其对具有同质性的相关市场资源和市场主体进行了整合。因此,产业内部结构相对完善,其内部行动主体的效率较高,合作也较为顺畅。有关地方政府在产业发展过程中角色和作用的研究较多,而且学者基本达成共识:产业集群的形成是市场发展的结果,但在转型升级和危机处理过程中需要地方政府适当介入和扶持(乔翠霞,2005;盛世豪、郑燕伟,2009;吕文栋,2005)。这种观点主要是从制度经济学出发,强调了产业打造中的市场机制,将政府作为外部制度环境因素来考察。事实上,由于中国经济发展不均衡导致各地发展状态不一致,从而使得各地的市场基础存在差异。对于市场基础较好的地区,产业打造更多的是政府在已有的产业中择优挑选,为其营造更好的制度环境以助推其自然生长。但对于市场基础薄弱,经济发展程度较低的地区而言,自发形成的产业较少,且大多活力较低,选择相对困难。因此,由政府深度介入的产业打造则是这些地区的最优选项。这种模式下的产业打造,政府是主导者,企业是参与者。作为主导者的政府承担了很多工作,从大的政策规划到小的具体问题落实,政府都将其纳入自己的职责范围内。如果把研究重点放在那些产业基础薄弱的地区,将更有利于了解经济的完整发展过程。基于此,本文选取中部经济发展较为落后地区的政府作为研究对象,从经济社会学的制度主义视角考察其在产业打造过程中的行动逻辑,以此来解释是哪些机制对产业发展有重要的影响作用。

产业打造对地方经济发展的推动力量是有目共睹的,一旦产业发展完善,必然会为当地带来可观的经济收益。从这点来看,政府部门对产业打造的执着不仅在于产业打造的政治职能,也在于其经济职能。一个地区人民的收入仰赖当地的经济发展水平,而产业打造不仅仅在于为政治从业者带来政绩等,也为当地人民群众致富带来可能。当然,这里讨论的产业打造,主要侧重于经济效果明显且有支柱作用的主导产业,而排除那些面子工程的产业(冯猛,2014)。

如果认同地方政府的经济职能,以及产业打造为当地带来致富的可能,那么政府的产业打造行为就可以视为一种主动的经济行动,而不仅仅是基于政治利益的考量。从致富的角度而言,当前中国的县域在国家现代化强国建设和人民的富裕与幸福中扮演着不可忽视和不可替代的角色。我国现有 2856 个(不含港澳台)县级行政区划单位(其中:860 个市辖区、368 个县级市、1453 个县、117 自治县、49 个旗、3 个自治旗、1 个特区、1 个林区)。这些县制单位占据了全国 93%的国土面积,超过一半的人口(75 亿人)居住和生活在这些地方。其中包括了所有农村常住人口(约占全国总人口的 36%)和部分城镇常住人口(约占全国总人口的 16%)。根据户籍人口计算,县域总人口约为 89.1 亿(占全国总人口的 63%),其中大约有 1.46 亿是外出流动人口(主要是农村人口跨县流动),占全国总人口的 10.4%,占县域户籍人口的 16.4%。

2022 年中办、国办出台了《关于推进以县城为重要载体的城镇化建设的意见》,系统地提出了县域建设的目标和任务,如引导人口流失县城转型发展,保障县城建设正常用地需求等。文件强调了推进以县域为重要载体的城镇化建设在城镇化战略中的独特地位和作用,勾勒了我国未来县域城镇化建设的新蓝图,为县域发展带来了历史性机遇。随着乡村振兴战略的实施、城乡融合发展的加快、全国统一市场建设的推进,县城在我国城镇化建设中的作用日益凸显。据统计,截至 2021 年末,我国常住人口城镇化率为 64.72%。其中,1472 个县的县城常住人口为 1.6 亿人左右,394 个县级市的城区常住人口为 0.9 亿人左右,县城及县级市城区人口占全国城镇常住人口的近 30%,县及县级市数量占县级行政区划数量的约 65%(李佐军,2022)。

在改革开放以来的 40 年里,县域在国家的现代化建设中具有不可替代的重要地位和作用。它们不仅是人口众多的居住地和生活区域,也是国家经济发展和现代化建设的重要支撑。县域的发展成绩不仅对当地居民福祉产生积极影响,也对整个国家的经济繁荣和社会进步做出了重要贡献。因此,我们应该重视和支持县域发展,制定相应政策和措施,促进县域经济的可持续发展,增进人民的福祉和社会的繁荣。

然而,县域的发展不平衡现象十分明显,有些县域之间的发展差距甚至大于县域与城市之间的差距。这种差距主要是由历史、社会、经济、文化、地理位置、人口结构和资源条件等多方面的差异造成的。2021 年全国百强县中,大部分分布在长三角等沿海省市。很多中西部县域由于资源枯竭、缺乏大产业等原因,只能依靠"财政经济"和财政转移性收入来维持发展,导致人口外流、发展停滞甚至衰退。另外,还有一部分县域虽然没有陷入停滞和衰退的困境,但却面临着找不到更快、更好发展的空间、机会和重点的挑战。推进县域经济发展是我国实现中国特色现代化并最终成为现代化强国的必然选择。然而,如何推进县域经济建设并没有一个标准答案。县域的未来发展面临着许多已知或未知、确定或不确定的困难和挑战。

我们尝试从那些早期经济较落后但之后在后期经济发展方面有一定成果的县域中找到一些经验或启示。有观点认为现有的发展机遇或其他条件并不适用于其他县域,而且它们仍处于未完成阶段,不能由此定性为"成功"。但从另一方面来说,这些县域毕竟积累了更为丰富的建设经验,他们提早遇到了新困难和问题,并找到了一些有效的解决方案和做法。以往研究更多的是分析那些经济发达地区或地方政府打造产业非常成功的经验,比如温州模式(金祥荣,2000;冯兴元,2001;史晋川,2002、2004)、义乌模式(陆立军,1997、1999、2006、2008)、苏南模式(洪银兴,2001、2006、2007;张建君,2005)等,而较少关注经济发展水平相对落后的地区,以及地方政府虽然努力打造地方特色优势产业但并没取得明显成效的经验。成功的产业发展模式对其他地区有着"示范作用",但这种模式的可复制性尚待检验。而且,这些成功经验无一不是建立在优越的经济基础条件上的,无论是自然资源禀赋还是重商主义思想都对后期产业发展起到了积极而重要的作用。因此,从这一角度而言,在是否具有推广的可能性上仍存在疑问。我国经济发展的区域性不平衡导致东西部地区差距越来越大。目前来说,我国较为常见的现象是经济基础较差地区的地方政府有意愿进行产业打造,但是由于诸多原因导致产业发展成效不显著。因此,从这一角度而言,有必要更加关注这些看似"不成功"或者"未完成"的产业打造经验。

在中西部地区承接东部产业转移的今天,这些将迎来其新一轮的发展机遇。能否把握时代机遇,不仅在于是否与市场需求相契合,而且在于当地政府是否能依循实际做出正确决策。毕竟,在很多情况下,决策是起始的先决条件,是绕不过去的问题。那么探讨地方政府如何选择产业政策以及产业政策是如何影响到产业的后续发展,就具有较为重要的现实意义。

在县域发展差距问题上,经济学已经对其进行了不少研究。有研究者通过地理区位优势和政策先发优势来解释中东西区域发展差距,并从产业、收入和支出三个维度来解释南北差距扩大的原因。(刘学良等,2022)。另外一些经济学学者更多地关注经济自身的内部结构来解释区域发展差异,特别是县域之间的差异。有研究认为第二产业发展的差距是县域发展差异的根本原因(方迎风,2022;焦文献等,2021)。另外,一些研究者将基础教育和人口增长视作县域平衡发展的主要动力(方迎风,2022)。经济学研究对县域或区域的发展差距问题提供了多个解释和因素,包括地理区位优势、政策先发优势、产业发展差异、收入差距、支出差距、基础教育、人口增长以及法律法规体系等。这些研究为推动县域的发展提供了一定的理论依据和政策启示。但他们往往忽视了县域更复杂、更系统的社会经济和文化因素的作用和影响,以及发展主体性特别是人的作用或原因(王春光,2023)。仅仅从经济角度来寻找县域经济差距的原因是缺乏解释力的,也不容易找到有效的对策。这些研究都不足以有效解释中国内部不同县域之间的发展差距。因此,本文试图从结构和利益的视角来检视县域发展的主要动因和逻辑机制,以进一步探索县域发展背后的社会因素。

二、研究议题

我国地方政府有着异于他国地方政府的经济发展热情和积极性,这一现象使得众多学者都为之惊讶。很多国内外学者通过考察地方政府发展经济的动机、模式等从不同的视角对这种现象进行了解释分析。有学者认为,地方政府之所以有这种经济热情在于经济职能是政府的重要职能之一,而且经济职能同时也具有政治属性,较好地履行经济职能往往带来政治收益。在政府官员的晋升中,经济发展情况是最重要的考核项,因此政府尤其是地方政府对推动经济发展有较强的动力(周黎安,2007)。也有学者指出,随着市场经济发展,中央政府同时进行了一系列的行政体制改革,不再将所有权力集中统一,而是将部分权利让渡给地方,使地方拥有相对自主的决策权。尤其是分税制改革,给了地方政府更多的动力去谋求经济利益(杨善华、苏红,2002)。无论是追求政治利益还是经济利益,很多学者都将地方政府置于原子化的"理性组织"之下,试图通过理性假设来寻找其行动的出发点。

虽然地方政府在很多研究中作为"理性组织"而存在,但这并不意味着地方政府组织只有"理性"的一面。在针对"理性"的定义中,经济学家认为依据个体利益偏好而进行的行动均可视为理性行动。学者普遍将地方政府视为自私的"谋利者",而忽略其"造福社会"的公共服务供给者的一面。从理性出发,往往会忽略其背后复杂的社会因素。为了保持国家的自主性,通常要求国家与社会对立存在,以此避免受到社会利益团体的"俘获",从而为多数公民谋求利益。如果仅从保持决策自主性的角度而言,地方政府作为"国家"系统的一部分有其相对独立的一方面,政府组织内部与外界相对隔离。但如果从地方政府性质出发,地方政府并非只是"国家"的一部分,而是嵌入于"国家"与"社会"之中。地方政府之所以能够成为中央的决策执行者,就在于其位于国家与社会的连接线上。很多学者承认地方政府尤其是县级政府是介于"国家"与"社会"的连接点(杨善华,2002),但是由于其政治属性和行政属性的特征特别显著,学者们通常在研究中会有意无意地忽略其社会属性。在以往分析其行动的研究中,大都从"国家"的层面进行切入,较少注意地方政府的"社会"层面。在地方政府的组织结构中,很多部门的基层从业者是由本地居民构成,而且大多自幼年起即在此生活。因此,这些组织成员的社会网络结构、社会期望都会影响和形塑组织的目标和策略。

有学者认为,无论是从政治目标达成的角度还是从经济发展的角度,政府进行产业打造的过程可视为地方政府追求政绩的手段,因而产业打造的最终结果(成功或者失败)对政府而言没有太大影响(冯猛,2014)。虽然打造过程较为重要,但是不能由此忽略了地方政府追求结果的决心。就地方政府而言,尤其是本地官员,声誉同样关乎政治前途。"为官一任,造福一方"的宣传不仅是行政文化的倡导同样也是对地方官员行为约束的非正式制度。仅仅从政绩或者晋升的角度来预设地方政府的行为动机,不免有些狭隘。尤其是中央政府的宣传中,造福百姓是一种"政治义务"。虽然有学者认为,这只是掩饰政府官员逐利的"遮羞布",是蒙蔽百姓或者安抚百姓的一种方式(冯猛,2009)。但从组织制度主义视角来看,这更是一种合法性,是对官员的一种道德约束。因此,有必要将地方政府对于造福百姓、为百姓谋利的追求纳入分析中。因此,从这个角度而言,地方政府的社会性不仅体现在其内部组织结构层面,也体现在其发展意愿的社会效应上。

现阶段我国地区发展不平衡问题较为突出,不同地区的经济水平差距较大。在同一个行政体制内,发展不平衡问题不仅与当地基础环境有关,也与当地政府对经济的干预方式有关。正如前文所说,地方政府在经济中的地位日益重要的前提在于政府的自主权利增多。伴随分权制改革,中央权力下放,地方政府拥有较多的自主决策权,地方政府由封闭式自主逐步转为约束性自主(陈霞、王彩波,2015)。

在进一步分析地方政府的自主性之前,首先需要阐明地方政府的自主权由何而来。地方政府是中央政府在地方的代理人,与中央政府相比,地方政府更具有行政代理性。计划经济时期,地方政府在很长一段时间内主要承担政策执行职能,将中央政策落实到具体行动中。之后的中央下放权力则与中国的特殊国情有关。中国地理范围大,地区自然条件差异大。因此,随着改革开放深入,市场经济发展速度较快,中央政府很难运用统一政策对各个地区指导,必须下放权力,将责任分配给地方政府。毕竟,地方政府是唯一能够将中央政策调整到适应当地环境并满足当地需求的机构。这标志着中国中央和地方政府分工的出现:一方面,前者鼓励后者自主实施政策,而另一方面,则监督他们是否滥用权力(耿曙,2017)。

这种由中央适当约束和市场作用的地方性自主将地方政府能力提到了重要的位置。地方政府能力不仅在于政府的决策能力(制定政策规划等),也在于政府的执行能力(执行上级政策和本地政策)。在以往的研究中,虽然很多学者意识到了地方政府自主性的重要意义,但大多将其作为前置条件,而较少深入考察其背后的地方政府能力问题。虽然较少论及地方政府能力,但在政治学和管理学中,国家能力是一个重要概念。在对东亚发展型国家的分析中,不少学者都提到了国家能力对经济发展的重要作用。在埃文斯看来,国家能力的特征包括内在自主性、内在凝聚力和外部连通性。内在自主性可以有助于保证政策制定的独立性,而内在凝聚性和外部连通性则有助于政策的实施和决策过程的顺利(Evans,1995)。在国家能力这个较为宽泛概念的基础上,可以尝试剥离地方政府能力的含义。

对地方政府而言,国家能力意味着起点的高低和背后支持力量的强弱,是发展的前提。在国家能力一致的前提下,国家的政治结构和制度已经将地方政府框定在一个确定的范围内。地方政府的自主性嵌入于国家和社会结构中,考察地方政府的能力也需要从国家的治理结构和社会结构两方面着手。我国目前的行政体制为科层制,在韦伯看来,科层制是与工业主义极为适应的组织形式。科层制有着较高的行政效率和独立性,可以较好地保证政府的决策独立。这种体制下的地方政府较少被其他利益集团控制,从而更能从本地的利益出发制定经济政策(Evans,1989)。在这种基础上,地方政府内在凝聚性和外部连通性则主要通过组织动员、资源协调等方式表现出来。于地方政府而言,产业打造更多的是产业政策的制定与落实。从这一角度来说,地方政府的主导产业打造过程也是地方政府能力的展示过程。因此,本文试图通过考察地方政府产业打造的具体过程来集中展现地方政府能力。

地方政府的自主性不仅受到正式结构形塑,也受到非正式结构的影响。非正式结构主要表现为社会层面的认知、文化、惯习等。虽然这些非正式结构通常作为背景出现在很多研究中,但并未对其发挥的作用做出进一步的解释。符平指出,市场受认知、集体文化等潜结构的影响。潜结构是"以权威为中心,群体性的集体记忆和经验沉淀,是群体反思和选择性的延续,并通过非正式的舆论和道义上的方式对行动者进行约束"(符平,2010)。这种潜结构与正式的规则制度一样,能够通过建立稳定的行动预期环境来减少不确定性及风险(符平,2013:66—67)。在地方政府作为行动主体活跃在市场中时,地方政府也会通过非正式制度来与市场的经济行动主体进行互动。

地方政府作为政治主体参与经济事务中,不可避免地要与经济主体互动,甚至直接成为经济行动主体。因此,在主导经济发展中的地方政府的角色多元且复杂。拥有多重角色的地方政府行动受多重因素叠加影响,因此,地方政府在经济领域的行动在社会科学中是重要的主题。以往的研究虽然已经对地方政府参与经济事务的动机、模式、逻辑做了较为充分的分析,但是在具体的行为机制以及具体的参与过程方面研究较少。本文在前人研究的基础上,尝试从经济社会学的制度主义视角出发,以豫北县为例来分析在改革开放和行政管理体制改革背景下,嵌入于国家、社会结构中的地方政府在打造地方主导产业过程中如何运用产业政策来达到目的,重点关注地方政府的决策能力、执行能力及政企关系。

从历史的角度而言,政府的行动逻辑并非一成不变,而是一个动态的变迁过程。因此有必要将其放在一个时间的维度加以区分,并且将其视为一个动态的事件。在时间轴上,一个行动也许是另一个行动的开端与原因,而并非孤立的存在。很多学者都注意到了不同时间段内政府的行动逻辑的不一致性,但较少对其进行系统性分析,依旧将其固定在一个较短的时间节点内进行阶段性讨论。历史性分析将有助于更全面地看待行动的连续性,也有助于更清晰地展示行动的因果机制。历史性分析固然重要,但由于各种因素的限制,往往不能将其完整地展现。因此,事件的开启时间就尤为重要。本文选取的案例中,以豫北县政府拟选择主导产业之时作为研究起点,试图相对完整地呈现出产业打造的过程。

豫北县隶属河南省,是典型的农业生产县。自新中国成立以来,豫北县的工业基础都较为薄弱。计划经济时期的几个国有企业随着90年代的国企改制也纷纷破产倒闭。面对经济困境,豫北县也尝试了多种发展方式,大多以失败告终。2008年河南省政府启动产城结合的产业集聚区计划,要求各县区建设产业集聚区,发展自己的主导产业,并且上报省政府。由于没有产业基础,豫北县并没有多少可供选择的产业发展目标。在这种情况下,豫北县政府做出了以家具产业和食品产业为主导产业的决策。如果说食品产业可以依托农产品种养,有一定的优势,那么家具产业可谓"零优势"。豫北县在家具制造方面有一定的基础,但所谓的"基础"不过是十几家为乡邻打造桌椅床具等生活用品的小作坊。这些小作坊既没有规模效应,也没有品牌效应,只是自发形成了一个生产集聚区。在这种基础条件下,豫北县将家具作为主导产业并不符合市场选择机制,因此,这种产业发展目标的制定使豫北县政府承担了较大的市场风险和政治风险。

这种看似不理性的产业政策背后,其实有一套"科学"的验证逻辑。豫北县在产业政策制定过程中不仅聘请了专家学者对本地产业进行了详细的调研,而且在选择和规划过程中充分考虑了专家的意见。由此而言,家具产业的选择其实是豫北县政府的"理性选择"。这种科学的论证不仅相对降低了豫北县政府的市场风险,也降低了其政治风险。因为,科学的决策过程本身就为豫北县政府带来了政治"合法性"。在此基础上,豫北县政府制定了家具产业的长期打造目标,即将豫北县家具产业打造成为集聚型、专业型、环保型的中部大型家具产业基地。即使在后来的打造过程中出现了风险危机,豫北县政府也并没有放弃这一长期目标。但是,在产业打造的不同阶段,豫北县政府也制定了不同的短期产业目标。家具产业打造初期,在规模化优先的逻辑下,豫北县政府主要以鼓励本地企业扩大生产及引入大型规模以上的企业为目标。在后期经历了市场危机后,豫北县政府为了应对市场风险和政治风险,调整了产业打造的目标,改为引入多元化类型的企业和中等规模企业。而且在地方政府间的竞争压力下,更加注重企业的签约落地速度,以防止企业出现毁约的现象。

可以说,在政治压力和经济发展的压力下,豫北县政府运用行政手段培育了一个主导产业。豫北县在几乎没有产业基础的情况下打造出一个初具规模效应的主导产业,其实是多重因素叠加作用的结果。豫北县政府作为行动主体全程参与了产业打造过程,不仅制定了具体的产业政策,而且动员各种行政和社会资源为产业打造提供助力。在产业打造之初,豫北县政府运用非市场机制来获取市场信息,通过行会和企业建立了与市场的联通机制。在后期快速发展阶段,豫北县政府自上而下都保持了较高的行政效率。从招商到企业进驻到开工建设,这一系列过程都是在极短的时间内完成的。

豫北县产业打造过程也是豫北县政府政治职能、经济职能融合的过程。豫北县家具产业经历了从无到有,从小到大的艰难过程。豫北县政府始终坚持最初的选择,即使在困难时期也并未更改发展目标,并在后期抓住政策机会和市场机会,形成了良好的发展状态。整体而言,豫北县主导产业打造过程风险较大,不仅有失败的风险,也承担了政治风险。本文尝试从经济社会学的嵌入性和制度主义视角切入,通过对豫北县主导产业打造过程的关注,来回答豫北县政府为何选择家具产业作为主导产业,以及如何进行主导产业打造等问题。

同时值得关注的一点是,从前期发展到后期产业成型,豫北县政府从决策层到执行层都保持了较高的行动效率。我国的行政体制结构为自上而下的科层制结构。韦伯认为科层制是组织理性的产物,是一种有较高组织效率的存在,极具专业性和相对独立性(韦伯,2010:325—327)。埃文斯认为正是采用了有效率的科层制,东亚国家和地区才能在保持相对自主,不被利益集团俘获,并高效率的行政运作。科层制是一群受过训练的被挑选过的精英在合法性规则的基础上进行持续运行的行政体制(埃文斯,1995)。但事实上,在中国这个庞大的行政体下,组织结构复杂,效率低下,人员冗余等问题持续存在,"有组织的不负责任"现象时有发生。同时,在同样的制度背景和组织结构下,一些行政体依然在高效率的状态下达成目标。这些高效率的机构为什么能保持这种状态？很多学者认为,我国的行政结构是集权式结构,地方政府是中央政府的地区"代理人",主要承担中央政府的行政与政治任务(Li、Zhou,2005)。"四风建设"以来,地方政府寻租机会减少,政府官员的"灰色收入"几乎消失。在这种重压力,少激励的制度中,地方政府更趋于用一种"保守""不出事的原则"来进行地方治理。与此相比,积极主动且有效率地处理地方事务的地方政府是一种特别的存在,具有独特的研究价值。社会学中常常会根据社会问题寻其原因,而较少对"非社会问题"的经验进行总结。本文尝试讨论,地方政府为何得以主动高效地克服困难、控制风险,从而完成既定目标。

三、研究方法

本文的研究首先基于经验问题的启发而来。豫北县位于河南省北部,是全省 47 个扩权县之一。总面积为 835 平方公里,其中耕地面积为 534 平方公里,约占总面积的 64%。豫北县下辖 5 镇 12 乡503 村,总人口为 71 万人,其中乡村人口 60 万人,约占总人口的85%。豫北县位于华北平原南部,属于温带大陆性季风气候。该县地势平坦、土层深厚、土质松软、耕性良好,适应农作物生长,属于典型的农业生产区域,是重要的粮、棉、油产区(2000—2010 县志)。豫北县西南部发现巨大井矿盐田,岩盐储量丰富、开采可行、质量良好,但目前仍处于勘探期,尚未开发。

豫北县一直是农业大县,也一直试图进行产业结构调整,从而迈入工业化。豫北县是政府自 80 年代后期即有意进行产业转型,但并没有成功。直到 2007 年,豫北县政府依托产业集聚区进行主导产业打造,豫北县的工业化道路才真正开始起步。在近十年的发展之后,豫北县的主导产业呈现一幅欣欣向荣之势,在周边地区乃至全省范围内都属于发展较快的地区豫北县。

豫北县自 2008 年规划建设产业集聚区以来,豫北县生产总值、财政收入及人均居民收入都得到了大幅度提升。产业园是豫北县进行产业结构优化调整的重要部分,也是豫北县工业的集中体现。以 2015 年为例,2015 年豫北县规模以上工业增加值为 113.7 亿元,是 2010 年的 2.4 倍,产业区主营业务收入是 2010 年的 3.5 倍。豫北县以家具产业和食品加工产业作为主导产业。其中,家具产业作为豫北县政府重点培育的产业的增长增速更是令人瞩目。豫北县家具产业在 2008 年以前无论是规模还是产量都较小,在豫北县政府介入之后快速发展,从一个以服务本地为主的产业成长为"中部家具产业之都"。规模和效益都显著增加。

豫北县作为典型的中部农业县,鲜少有体量规模较大的工业企业,更不用说有集聚效应的产业了。但是,在 2007 年之后,豫北县政府在县城的东南部地区规划了产业集聚区,不仅将本地家具企业集中在一起,而且在短短几年间就引入了南方家私、全友家私等规模上亿的大企业。与此同时,豫北县城内的家具营销店也开始急剧扩张。豫北县并非林业大县,也没有较好的市场基础,因此豫北县家具市场的扩张速度是出人意料的。从研究生学习阶段开始,作者便在导师的引导下开始对豫北县的家具市场进行田野调查。当时的调查主要从企业的角度展开,试图探寻市场扩张的动力机制。随着调查的深入,发现几乎所有的环节都指向了豫北县政府。按照豫北县政府相关人员的话来说:"家具产业是政府完全包办的,是襁褓中的婴孩。"因此,豫北县政府可以说是家具产业打造的主导力量。

当然,就中国的制度环境而言,政府包办产业屡见不鲜。但是,作者在田野调查中发现,豫北县政府的行为却并未完全遵循以往研究中的地方政府行为逻辑。首先是土导产业的选择问题。主导产业对一个地区经济发展的重要意义不言而喻，而且承载了地方政府的主要政治绩效。按照资源禀赋优先的发展原则（林毅夫，2012），豫北县政府应该选择以农业为基础的产业来进行培育。例如豫北县周边县区以畜牧业、羽绒业作为主导产业。按照财税最大化的原则，豫北县政府应该选择化工、重工业等产业。而且，豫北县紧靠油田，引入化工产业并非不可能。就实际情况而言，打造之前的豫北县家具产业是一个既没有资源禀赋也没有市场基础的产业。而且，家具产业属于轻工业，企业的纳税相对较少。但是，豫北县政府却在 2008 年将家具产业明确指定为豫北县产业集聚区的主导产业。就此而言，豫北县政府可谓选择了一个基础薄弱又无太大收益的主导产业。在调查后期，作者更是了解到，在豫北县政府明确确定家具产业为主导产业期间，河南省内 180 家产业集聚区只有 32 家产业集聚区确立了明确的主导产业，其余地区并不明确。因此，作者更加想探明豫北县政府为何选择家具产业作为主导产业以及选择过程。

其次，在作者 2013 年初访豫北县家具产业园时，很多厂房、道路正在修建中。在第二年重访时，发现很多由政府修建的厂房已然完工但很多处于闲置状态，而由企业自行建设的厂房很多都处于停工状态。虽然，豫北县政府号称引入了四川家具企业中的"四朵金花"，但真正开工生产的只有南方家私一家企业。而且，当地企业经营者和民众都对豫北县打造家具产业信心不足，认为这又是"政府的形象工程，不可能搞好"。但是，豫北县政府相关人员在接受访谈时，却依然保持对家具产业打造的热情和信心。虽然他们也承认，目前的产业发展属于困难阶段，但并没有更换主导产业的意愿。其实，河南省内很多地区由于产业发展不良，都更换了主导产业。包括与豫北县毗邻的北河县（化名）就更换了主导产业。从国民经济总量上来说，北河县一直强于豫北县，其主导产业的选择还是建立在原有产业发展基础之上。因此，豫北县的坚持就让人匪夷所思。另外，如果按照晋升锦标赛理论，豫北县政府官员应该及时更新主导产业，进而从中谋取政治上升的空间,而不是坚持以往的产业选择。毕竟,新产业本身即意味着创新行为,地方政府官员的短期行为即可为其累积政治利益(冯猛,2014)。豫北县的家具产业发展如此不顺利,并且经过了几轮的政府主要官员调整,为何仍要坚持原有的产业打造计划?

2014 年至 2015 年,作者多次回访豫北县产业集聚区,但是除了政府基础项目在建设中外,其他景象较为萧条。直到 2015 年下半年,豫北县引入的四川的大型家具企业开始重新开工建设,并投入使用。到 2016 年再次回访时,作者发现豫北县产业集聚区到处都处于火热的开工建设状态。产业集聚区道路两旁都是大大的项目标识,清晰地记录着项目名称、项目规划、主要责任单位及主要责任人(如图 1.1 所示)。而且,豫北县引入的家具企业数量已然超出以往任何时期。原有的豫北县家具产业园被规划为 5 个家具园区(如图 1.2 所示),并且有一部分土地在批复前已规划完成。这一状态着实令人惊讶。期间,作者在对豫北县政府的相关工作人员进行访谈时发现,

图 1.1　豫北县家具项目招牌

图 1.2　豫北县承接京津冀产业转移部分规划示意图

其工作量之大,工作之繁忙都超出了作者以往的认知。这些工作人员甚至在国庆节假期间,都一直处于加班状态。民众眼中的"喝茶看报"的政府工作状态与作者观察到的事实完全不符。那么,为何豫北县家具产业重新"回春",又是什么因素激励着政府工作人员保持这种积极的工作状态呢?

2018 年至 2023 年,作者重返豫北县田野调查点 3 次有余。2020年后新冠疫情导致全国工业产值下降,很多产业陷于无货可出的困境。带着对豫北县产业的悲观预期,在 2021 年和 2022 年两次重返田野后,都额外关注了豫北县产业发展状况。无论是开工情况还是新厂落地情况,都远远超出我的预期。想象中万物萧条、工厂凋敝的情景并未发生,反而呈现出红火、热情以及疫情窗口期的平静。这种困惑一直困扰着我。尤其是在对县政府有关部门深入访谈后,这种困惑更让我不解。政府财政之困难,政府中心任务之变迁,都使其自顾不暇,对产业的培育之势下降。但产业依旧发展态势良好,表现出了强大的韧性。那么,这韧性何来呢?看似无暇东顾的地方政府又做了哪些可以使产业自行运行的措施呢?

依据各个研究方法的特性,本文认为解析性的定性研究方法更适合分析以上问题。定性研究的特点在于,通过案例分析、历史比较、过程追踪、田野调查等方法和手段对社会现象进行细节性的描述和研究,从而展示这些现象形成的原因和过程(朱天飚,2015)。与定量研究相比,定性研究显然更擅长于发掘和描述因果机制(朱天飚,2017)。从解析社会学的视角来看,社会学更多关心的是解释。所谓"解释"是回答"如何"(How)的问题,主要分析事件为何发生,为何出现时间上的变化、为何不同事件或状态之间存在时空上的共变等。什么是合格的解释其实并无定论,赫斯特罗姆认为,在社会科学中,机制性解释(mechanism-based explanation)可谓"合格的解释"(赫斯特罗姆,2010:2)。解析是要对定义成概念的现象追本溯源,特别是要在其形成的历史、文化和思想环境里去理解它们,因此偏重的是事物的复杂性、特殊性和个性。由此而言,解析性的定性研究方法更加适合去探寻地方政府的行为逻辑。带着以上对具体经验现象的疑问,本文主要采用田野调查、资料收集等方法来试图对豫北县政府的行为做出机制性解释。

由于本文需要考虑时空维度中关系结构和行动的变化原因和机制,基于所关注的问题,在具体的调查方式上采用了深度访谈、参与观察和文本资料收集法。自2013年起,作者即开启了对豫北县产业的连续性调查。在这5年中,多次前往豫北县产业集聚区进行参与观察,并收集相关资料。间隔性地对豫北县招商局主要负责人、豫北县产业集聚区主要负责人及数位本地企业经营者、外地企业经营者进行了正式与非正式的访谈。多次前往豫北县县志办、档案馆、政府机关收集相关的文件资料。

在调查过程中,作者得到了豫北县政府工作人员的极大帮助,获得了很多重要的资料。调研前期,豫北县产业集聚区的工作人员慷慨地提供相关资料和文件,以便于作者了解具体情况和问题。在选择访谈对象时,在父母朋友的帮助下,顺利地联系到相关主要负责人。这些负责人都较为热情地接受了访谈,并提供了重要文件及参与政府调研、座谈的机会。

虽然本文主要以地方政府为研究对象,但是在调查过程中并没有遗漏对企业的调查。在调查开始之时,作者机缘巧合之下结识了本地家具协会的会长,得到了很多重要的信息。后来,在一个本地家具企业主朋友的帮助下,深入企业进行观察。在调查后期,在政府工作人员的协调下,对多个大中型外来家具企业进行了观察和深入访谈。

作者对一些重要人员进行了正式访谈,时长一般在1—3个小时内,并且对个别关键人物进行了回访。另外,还有数次非正式访谈,均进行了整理记录。这些访谈均为开放式访谈,只在访谈前准备了几个主要问题,并没有采用结构式访谈提纲。在征得访谈对象同意的情况下进行了录音,并转化为文字。其他访谈则在笔录的基础上进行回忆整理。为保护当事人的隐私,在资料使用过程中,对相关地名、人名进行了一定的技术处理。

收集的资料以政府政策文件、工作报告、工作总结、档案资料及新闻报道为主,这些二手资料一方面是本文重要的研究手段,另一方面对佐证访谈记录和厘清时间节点有较大助益。

第一章　产业打造与地方政府的关系

本文主要关注产业打造中的地方政府行动逻辑。因此,本章主要从产业打造和市场中的地方政府行为两个主题进行既往文献的梳理。在关于产业打造的研究上,主要从经济社会学的研究视角切入,从制度主义范式和网络主义范式两个方面对产业打造的相关文献进行分类阐述。关于市场中的地方政府行为研究较多且涉及多个研究领域。依据本文的研究主题,主要梳理了有关地方政府发展经济的行为研究文献,并且从地方政府参与经济发展的行为动机与原因、行为模式两个方面对以往研究进行分类阐述。

一、产业打造中的制度与网络

同样是从产业的外部性着手,制度经济学虽然也将制度作为变量加入到分析中,但并未讨论制度从何而来的问题,也不在意制度的差异性。经济学的制度主义依然建立在原有功利主义的框架内,以交易成本作为核心概念将制度纳入分析中。经济学的制度主义本质上仍是试图寻求普适性的宏观理论,只不过是将投入产出的效率替代为交易成本的效率而已(高柏,2008)。经济社会学则将制度视为共享的意识,认为正是基于共同的意识形态和文化,通过群体内部成员之间在互动过程中的共享,制度才可以作为惯性行为的类型化(迪马吉奥、鲍威尔,2008)。

制度主义理论关于产业发展的相关研究,主要是从国家治理机制和非市场治理机制两个层面进行的分析。首先,从国家治理层面而言,由于市场具有不确定性,政府作为制度环境的建构者、公共物品的提供者必须要对其进行规范和制约。经济社会学的制度主义视角将国家和政府视为关键影响要素和行为主体,从制度结构、制度环境、产业政策等方面来讨论对产业发展的影响。国家和政府主要通过建构制度、制定产业政策、打造制度环境等方式影响产业发展。其中,从具体的特定产业发展而言,理性的国家通过产业政策的决策和实施来主导产业发展的方向和路径,从而影响其市场效率。从这点而言,国家和政府可谓是决定产业发展的主导力量。政府不仅可以通过产业政策的调节引导产业按照政府既定方向发展,还可以通过动员社会资源来引导产业转型升级(道宾,2008)。

政府的产业政策可以分为建构型产业政策和自然演化型产业政策。在对比了这两种不同的观点后,纽曼(Neumann)比较认可产业建构主义的观点,并认为产业政策不只是针对产业自身,而更应该是一个综合性的概念,涵盖了社会的经济福利。政府有义务促进产业发展及经济福利提升,因此应采取竞争性的产业政策,以此来达到资源的最佳配置状态。由于市场均衡很容易被规模经济、市场风险等因素打破,政府必须干预经济以应对市场失灵。政府可以通过制度环境的建构和非市场机制治理来促进产业发展和经济增长。政府能够为市场中的个体行动者提供行动支撑的框架及产业发展所需的基础制度结构,如公共性基础设施、研究教育、法律法规、金融政策等。另外,在产业出现市场性危机时,政府可以通过替代性干预来稳定市场环境,促进产业发展(Neumann, 1990)。

政府的干预不仅体现在外部性制度环境上,也体现在技术环境上。中国计算机产业的腾飞式发展就是基于政府的科技政策及产业政策而来的。在中国本土计算机产业兴起之前,中国政府即以市场换取技术的形式实现了政策转型。中国政府较为注重计算机硬件、软件的生产,并通过允许外资企业进入中国市场来推动本土企业的发展。在此基础上,中国还以政府的名义进行了项目性投资,协助产业进行市场推广(Kraemer&Dedrick, 2001)。印度和巴西的汽车产业在全球化的背景下能够快速的发展也与政府的产业政策密切相关。上世纪 90 年代,在贸易自由化和全球化背景下,很多汽车制造商进行快速的全球扩张。其中,印度和巴西的汽车产业在本轮跨国投资贸易中实现了转型升级。这种快速的产业发展固然有全球化的影响,但需要注意到外资企业的投资取向其实受各国政府产业政策的影响。因此,从根本上而言,政府的产业政策才是其产业发展的主要原因(Humphrey, 2003)。陈纯菁(Cheris Shun-ching Chan)在对比了中国香港地区和台湾地区的保险业后,认为两者的发展路径之所以有差异,在于两个地区的政府扶持产业政策不同。台湾地区的政府更注重本地企业的保护,所以台湾地区的本土保险企业较多,而外资企业较少。香港地区的政府倾向于由市场机制引领的产业政策,因此在香港地区的保险产业中外资企业占比加大,而本地企业很少(Chan, 2012)。陈纯菁在分析中引入了"政治——文化"的分析框架,将文化和政府因素带入到了产业分析中。

　　国家对于产业政策的影响不仅在于直接干预,而且还通过主观性因素如社会认知、文化观念等起作用。道宾(Dobbin)在比较美国、法国及英国的铁路产业政策后发现,各国的产业政策的差异主要在于国家的政治文化的差异。道宾认为经济体制可以反映政治体制。换句话说,国家政治制度会带来不同的经济秩序逻辑,政治制度是在考察市场模式的前提。根据道宾的研究,美国采用的是基于社区的联邦制政治体制,强调将权力分散到各个联邦体内。因而,美国的产业政策将统治权交给各个州的地方政府中,由联邦政府充当市场仲裁者。最终由市场机制和美国政府州际商务委员会(Interstate Commerce Commission)共同协调产业发展。其铁路产业政策呈现出先主动后被动的发展模式,由于涉及联邦结构,为了保护各个行动者的自有裁决权,国家放弃了领导经济的意愿。美国政治秩序的基础是社区的自我管理,因此中央政府只需要负责传递信息和裁决冲突,他们相信地区政治自决的原则可以扩展到经济自决。与此相对的法国则采用的是专制主义的中央集权式民主政体。这种政治制度反映到了经济体制上则是国家指导的重商主义。法国的铁路产业虽然运用了私人资本,但是其产业政策主要由国家负责制定与实施。法国并不认为在工业的集中控制会造成效率的损失,反而可以成为推动经济增长的有效途径。英国则主要是采取精英管理的政治体制,将权力交给议会代表下的个体行动者。这种强自由主义原则体现在产业政策上则成为自由放任的企业主导的发展模式。英国政府不参与铁路建设的任何阶段,完全交付于市场和私人企业决定。道宾从历史逻辑出发分析了三种不同产业政策背后的形成原因,认为国家政治文化可以形塑产业政策(道宾,2008)。同样是基于意识形态的影响,高柏认为日本在上世纪的三个连续的产业政策均体现了发展主义的经济意识形态特征,是由于日本政府的产业政策决策层受到了德国历史学派思想和西方传统经济理论的影响。这种意识形态主要体现在管制经济、促进出口及鼓励生产等方面。而这种意识形态下产业政策则呈现出以下特点:保护主义、注重行会等非市场治理机制、独立自主的创新体制、寡头竞争机制、经济发展与政治稳定的平衡性、重视企业间协调而非监控、为政治稳定而牺牲产业结构升级(高柏,2008)。由历史传递下来的意识形态成为决定日本产业政策的关键因素,进而塑造了日本的经济成就(高柏,2006)。

产业的发展不仅受到国家、政府的制度建构的影响,同样会受到所在场域的影响。布迪厄认为将场域定义为各种关系的集合,经济场域则是经济行动者如企业,通过彼此互动而形成的行动空间。产业所在的场域,不仅包括了企业与企业之间的关系,也包括了国家与企业间的关系(转引自斯梅尔瑟、斯维德伯格,2014)。在弗雷格斯坦(Fligstein)看来,市场或产业也可视为一个政治场域。其中,企业与企业之间的关系以及企业与国家之间的关系对于市场或产业的生成有着重要意义。在他的描述中,"产权、治理结构、控制观以及交换规则,界定了建构市场所必需的社会制度。这些组织技术为行动者参与市场活动提供了工具"(弗雷格斯坦,2008:66)。弗雷格斯坦认为控制观规定了某一市场中的竞争秩序、竞争策略,并为行动者提供了认知框架。在市场早期阶段,大企业有意通过建立政治同盟和控制观来获得竞争优势,但关键还在于国家制度本身。因为,国家可能有意无意地采取行动来阻碍稳定的市场控制观的建立。更常见的则是国家通过对经济的管制来打破市场原有的权力关系,进而导致市场控制观的变迁(弗雷格斯坦,2008:73)。汉密尔顿和比加特与道宾一样进行了比较分析,从国家的政治权威视角出发,分析了日本、韩国和中国台湾产业政策的差异。日本、韩国和中国台湾的产业组织模式差异较大:日本产业主要由大型的企业集团支配;韩国的产业网络中占支配地位的则是大型的综合企业财团;中国台湾的产业则主要由家具企业和集团企业主导。汉密尔顿和比加特在比较了市场解释、文化解释和权威结构与组织实践的区别之后认为,市场解释只专注于直接的影响因素,文化解释只专注于遥远的因素,而且都未直接探讨组织本身。权威结构则可以解释三种产业组织结构的关键差异,并且可以继续说明这些差异是如何影响组织实践的。各国政府培育的完全不同的企业关系是关键的影响因素。日本的政企关系表现为强中间人的权力模式,韩国则属于强政府模式,中国台湾则是强社会模式。不同的政府选择企业的模式影响了产业政策的制定,从而造成了产业组织结构的差异(转引自格兰诺维特、斯维德伯格,2014)。

　　产业的发展同样建立在非市场治理机制之上。坎贝尔(Campbell)等人从组织结构中正式整合程度和合作范围两个方面将经济治理机制划分为6种类型。其中,除了市场机制外,另外5种均为非市场机制。这5种机制分别为责任网络、等级制、监控制、推广网络及行会。这些非市场性治理机制和政府之间存在一定的联系，至少在一定程度上获得了组织成员对交易原则的认同。例如行会需要获得国家的权威认同，而国家机构也可以参与到推广网络中（坎贝尔等，2009：24）。在具体的研究案例中，赫普尔（Helper）和科尔（Kiehl）通过对日本汽车产业的考察，证明了非市场机制在促进产业发展中的作用。日本的汽车制造商与供应商之间建立了能够促进信息流通的合作机制，从而提高了技术创新能力。这种非市场治理机制同样与政府有着密切关系。正是在日本政府部门的支持和引导之下，这种合作关系才得以建立和稳固，机制作用得以发挥（Helper、Kiehl，2004）。

国家和政府相对非市场治理机制而言是特殊的存在。虽然二者有着复杂的连接关系，但是国家和政府在理论和本质上都是有别于非市场治理机制的。政府部门为产业中的行动者提供了活动空间，即使没有使得机制制度化，也直接参与其中。而且，通常国家和政府在产业发展过程中往往既是持有者也是合作者、执行者（坎贝尔等，2009：25）。从这点来看，国家和政府在产业发展中的治理机制是多重复杂的，并不能从单一的视角分析。

作为经济社会学中新兴的重要理论范式之一的网络主义范式，主要是从社会结构和社会关系的角度来分析人们的经济行为。格兰诺维特（Granovetter）的"嵌入性理论"开启了经济社会学网络主义分析的先河。格兰诺维特认为新古典经济学的"理性人"假设基于原子化个体论之上，并不能真实地反映人类的经济活动。他通过对大量的企业间社会关系网络和产业集群的分析，提出经济行动嵌入在特定的社会文化和制度结构中（Granovetter，1985）。他将嵌入性划分为"关系性嵌入"（relational embeddedness）和"结构性嵌入"（structural embeddedness）。并且指出，正是这两种嵌入性使行动者之间产生了信任和互动，从而保证了交易的顺利进行（转引自道宾，2013：238—263）。其实，在更早之前波兰尼就提出了市场是社会构件的一部分,只不过没有将"嵌入性"的概念明确而完整地提出来(波兰尼,2013;余晓敏,2006;符平,2009)。"嵌入性"是网络主义理论的重要概念,同时也经常作为宏观理论背景出现。网络主义范式下的产业研究大多从企业间嵌入形式、关系网络及企业的社会资本等方面着手来分析对产业发展的影响。

虽然嵌入性是一个几乎被滥用的普适性概念,常作为背景理论为其他具体概念做铺垫。但是依然有学者运用嵌入性概念探讨了具体的嵌入过程和机制。其中,比较有代表性的当属乌兹(Uzzi)的关于金融业的研究。乌兹在探讨金融业中如何寻找融资公司问题时,以嵌入性为变量来关注社会关系质量和网络纽带的构成如何影响公司贷款并降低借贷成本的能力。乌兹将臂距关系和嵌入性关系作为自变量,通过模型统计测量发现,那些整合了嵌入性纽带和市场关系网络的公司可以通过嵌入性纽带结盟和臂距关系交易的优势来提高最优收益。嵌入社会关系的企业更易从金融行业(如银行)中获得融资,并且成本较低。而且,综合了嵌入性纽带和臂距关系的网络会使融资的可能性增大成本降低;反之只有一类关系的网络的话,融资机会可能减少,成本也会增加(转引自道宾,2013:341—369)。乌兹通过详细的网络结构图展示了何种程度的嵌入性可以增加产业中的交易机会,实为运用嵌入性概念解释具体实际的典范。

中国产业的相关分析中,关于嵌入性的研究主要集中在制度性嵌入和文化性嵌入中。杨丽玲在分析苏州"飞地产业园"的产业转移时指出,社会关系嵌入对产业转移过程有着深刻影响。她认为,企业之所以不愿离开已经承载过量的苏州产业园区的重要原因是,企业已经"高度嵌入"于本地社会网络中,一旦发生转移,很可能丧失依托于原有社会网络的社会资本。地方政府针对这一情况采取措施帮助企业"重新嵌入"转移地区的社会网络中,是苏州"飞地产业园"成功转移和产业实现转型升级的重要原因。产业转移过程实际上是企业社会关系"嵌入——脱嵌——再嵌入"的过程。政府的制度性嵌入则是帮助企业突破社会关系"嵌入性"约束的重要路径(杨丽玲,2014、2015a、2015b)。陈纯菁在分析香港地区的保险产业市场扩张的原因时指出,文化嵌入是产业扩张的重要原因。外资保险企业初到香港时,并没有赢得市场,原因在于中国人对保险背后的"事故""死亡"的文化禁忌。到后期,外资企业改变策略,将保险化身为"银行",以给利息的方式来适应本地文化,以此完成文化嵌入,进而得到了人们的支持并开拓了市场(Chan, 2009)。

周石生从嵌入的动态性入手,分析了外资企业如何嵌入于本地社会网络中,进而推动产业转型升级。周石生认为,外资企业背后是全球价值链网络,但也面临与本地企业网络"脱嵌"的问题。外资企业通过4个阶段的嵌入过程,完成与本地企业网络的对接,进而帮助本地企业转型升级。企业的转型升级也带动了产业的整体的转型升级。在这一过程中,政府作为主要推动力量,在帮助外资企业与本地社会文化网络相融合,重新建构产业网络体系中起到了关键作用(周石生,2008)。

对于产业集聚或者企业群的研究多从企业间关系网络的视角切入。而网络关系研究通常从社会结构决定行动的角度进行分析。伯特关于结构洞的研究即是通过对社会结构的考察来说明对行动的决定性作用。伯特(Burt)认为网络结构中存在着结构洞,而这些网络关系需要通过社会互动来进行信息和资源的流动。而占据结构洞的行动者则享有更多的接触机会和更多的资源,因此在网络中也占据较高的地位(Burt, 1992)。乌兹通过对女时装制造业企业群的考察,认为企业间的社会网络及经济行动的嵌入性会影响企业在市场中的竞争力。乌兹在调查过程中通过仔细区别企业间一般的市场关系和嵌入性的社会关系,来试图证明嵌入性在产业组织网络中的亲密关系可以为企业赢得更大的竞争优势。结果表明,产业中的行动者了解一般的市场关系与嵌入的社会关系之间的差别,并有意利用这些差别来完成市场行动。这个案例更加验证了格兰诺维特的观点:企业的交易过程嵌入在社会关系网络中,并且这些社会关系网络有着难以模仿的正面和特殊的效果(转引自格兰诺维特、斯维德伯格,2014:251)。在此研究中,乌兹只是将嵌入关系作为一种具体关系来分析,并没有考察具体的嵌入过程。

萨克斯妮(Saxenian)通过比较硅谷和128公路地区产业发展成就的不同,来说明社会关系网络和制度关系网络对于产业的发展有着至关重要的作用。萨克斯妮指出企业并非原子化的厂商,产业的组织结构影响着产业的发展。硅谷有着以区域性的网络为基础的产业体制,可以促进专业生产商之间的学习以及相互适应。企业之间、企业与机构之间都是互相渗透的,因此关系较为密切,产业发展较好。相比之下,128公路地区的公司多为自给自足型企业,而且保密机制较严格,相互流动性较弱。企业的工作人员通常垂直流动,以此来确保企业的权威集中。这种隔离的产业组织关系造成了企业之间联动较弱,产业发展较差(转引自格兰诺维特、斯维德伯格,2014:387—404)。

诺瑞(Nohria)和彭特(Pont)则通过对汽车产业的全球化战略联盟建立过程的考察,来试图说明网络结构对产业发展的意义。他们将战略能力和战略关系作为分析变量,来研究在全球化到来之后产业内部的企业如何来应对竞争中的不确定性。全球化给产业带来了新的冲击和挑战,打破了产业内部原有的均衡关系。企业在面对新的竞争结构时,必须做出相应的判断。但是由于对竞争对手的应对策略的不确定,企业因此要面对不同的互动机制。而企业间的战略联盟则可以使公司进行协商来控制这种不确定性(Nohria、Pont,1991)。

国内的关于浙江省五金产业区发展动力机制的研究,从社会网络着手,探讨了浙江省永康五金产业兴起的动力因素。永康五金产业的形成和发展主要是依托于基于亲缘、地缘、职业关系的社会网络的扩大。永康五金产业内部的企业之间联系较为紧密,因此各个企业之间在市场机制之外会通过社会网络关系来进行合作与竞争。社会网络组织内部有一套非正式的管理机制,通过成员间的信任和共享文化来对合作者以奖励,非合作者以惩罚,以此来约束成员的经济行为。随着社会网络关系的扩张,产业发展也越来越好(张明龙、徐璐,2007)。朱华晟从社会网络对产业集群效应的作用强度入手,分析了产业发展不同阶段下社会网络的影响。他以浙江省传统产业为例,分析了从产业兴起到产业没落整个阶段中社会网络作用的变化特点。随着产业的兴起,社会网络关系也逐渐形成,并在促进产业发展中起到明显推动作用。随着产业发展的逐渐成熟,市场机制作用越来越明显。基于地缘、亲缘关系建立的社会网络在成长期达到顶峰后却不再适应当下的产业发展,并表现出衰弱趋向。虽然社会网络在产业发展前期和中期阶段对产业集聚产生了重要影响,但随着产业发展,社会网络关系没有随之而发生变化,不仅作用减弱而且也出现了自身的颓势(朱华晟,2004)。

布迪厄将社会资本定义为"现实意义上和潜在意义上的资源的总和",并认为社会资本与社会网络是紧密联系在一起的。借助于社会互动,维系社会关系的物质或者符号也进行了交换。而个体行动者所拥有的社会资本总量取决于实际可调动的关系网络的大小,以及与之有关系的行动者拥有的资本的数量(转引自格兰诺维特、斯维德伯格,2014:111—114)。社会资本作为一种资源获取方式,对产业内部行动者而言极为重要。社会资本不仅能为其提供有形的物质资源如货币、信息等,也可以为其提供无形的符号资源如知识、声望等。而且,社会资本也可以是一个动态化的结果并对原有社会关系产生影响。罗伊(Roy)在分析美国大工业公司兴起时指出,制造业与金融业的联合是美国公司模式变革的分水岭。这种股份制公司的兴起,使得原本根植于乡村、农业、地方性、小规模的个人关系社会转变为建立在城市、工业、全国性、大规模并组织化之上的社会。资本的社会化不仅改变了原有社会关系中的权利、资格和义务,也改变了行动者之间的互动关系,以及国家与企业之间的关系(转引自道宾,2013:422—429)。

在国内研究中,有学者从社会资本、知识共享的角度来探讨对产业共生的正向影响。李春发等人从企业社会资本的三个维度——结构维度、认知维度和关系维度着手,探讨了各维度之间与产业的共生关系,及其对产业综合绩效的影响。在对天津生态产业园进行了相关分析之后认为,企业社会资本的三重维度之间具有正相关的关系。并且,从企业社会资本的结构和认知方面而言,知识共享对产业共生的正向影响起到了中介作用(李春发、邹雅玲、王雪红,2014)。

同样是关于产业集群的研究,惠宁则认为社会资本与产业集群是互构共变的关系。正是由于这种双向互动,减少了产业内部交易成本,提高了经济效率,并强化了竞争优势。在他看来,产业中的企业社会关系网络既是一种社会资本,也是一种产业集群形式。这种社会资本既可以获得产业外部信息资源,也可以在产业内部进行隐性知识传播,从而达到竞争平衡。而产集群又可以强化社会资本,有利于企业之间、产业之间的社会资本流动(惠宁,2006)。虽然惠宁从动态共变的角度分析了产业集群与社会资本之间的关系,但是其观点是建立在理论猜想之上,而非具体实际。而且,也没有展示二者的双向互动过程。

虽然本文将经济社会学关于产业发展的研究主要放在制度和网络两个视角下,但部分研究是运用多重理论范式进行的综合分析。如陈纯菁关于保险行业的研究,既涉及制度要素也涉及了文化嵌入;杨丽玲在关于产业转移的"脱嵌——再嵌入"过程的分析中提到,政府是其中关键的影响因素;罗伊关于美国制造业公司经营模式转变的研究中,重点强调了制度化和权力的作用等。虽然这些文献属于综合性研究,但仍然有其分析侧重点。根据这些研究的偏向性,将这部分综合视角的分析归类于制度和网络范式之下。这些研究从经济社会学视角出发,对产业发展的动力机制、影响因素等方面做出了相关分析,有助于更好地理解产业发展路径及所需发展环境。

但整体而言,这些研究尚有不足之处。首先,分析视角较为单一。虽然有少量综合视角的研究,但大多数仍然集中在一元分析领域。制度主义研究多集中在国家和政府层面,而较少涉及国家结构下的地方政府行动,及市场对政府的影响作用。网络主义研究多集中于新经济社会学为人熟知的"嵌入性"领域,而较少注意产业的具体影响机制和动态过程分析。"通常情况下真实市场的形成、动力与转型往往是制度、文化和网络等诸多变量交互作用的结果。更为重要的是,各种要素基本上是同时对市场过程施加影响的,而且一种要素的作用力往往离不开某些其他要素的支撑和配合,当然也有可能被抵消或削弱分割式路径造成的后果是,形塑市场的不同结构性要素在彼此隔离的操作过程中被予以区别对待。"(符平,2013)另外,以上研究均有其特殊性,从研究推广性而言,尚待论证。国外研究大多受限于国家意识形态和经济发展水平的差异,对国内产业发展和产业集群等现象解释力有限。而国内的研究案例也有其局限性,较少注意与其他区域的制度环境差异比较。在制度主义的研究中,虽然较为重视国家和政府的作用,但更多的是将其放在辅助市场机制进行市场治理的位置上,其作用仍仅限于"有限干预"和"有限影响"。对政府全面介入的产业研究不足。而且大都从宏观层面以整体产业发展作为研究对象,对中微观层面的研究不足。网络主义研究更多停留在产业发展模式和产业集群的影响原因的分析上,对"嵌入性"逻辑(符平,2013:18—44)究竟如何塑造行为主体(企业和政府)的目标和行为还缺乏关注,对产业内部的组织互动的具体行为逻辑也不太注意。

本文在综合的视角下,试图通过对产业动态过程的关注来分析其背后产业发展的动力机制、发展模式及与制度、网络之间的关系。

二、经济发展中的地方政府

关于市场中的政府行为,已经是学界的重要研究论题。很多学者从不同的理论视角,对地方政府参与经济行动的动机、逻辑等方面都做了大量的研究工作。也有很多学者对以往的研究做了相关梳理。如,钟伟军将市场中的政府行为的社会学研究按照行为逻辑大致分为地方法团主义的逻辑、地方政府财税最大化的逻辑及地方经济发展最大化的逻辑这三类(钟伟军,2011)。丘海雄则根据观点的相似性,将地方政府在市场中的角色分为"地方法团主义""地方政府即厂商""地方性市场社会主义""村镇政府即公司"和"谋利型政权经营者"等类型(丘海雄、徐建牛,2004)。

依据本文的研究主题和关注的问题,本文在选取文献时相对更偏重于实证文献。在尽可能囊括经典文献的基础上,也试图更多地呈现出近年来的优秀研究。在参考之前学者的划分方式之上,本节主要从地方政府参与市场的行为动机与原因、地方政府在市场中的角色与行为模式[①]两方面来对相关研究进行梳理。

随着财政包干制和行政分权的实行,地方政府越来越具有较强的财政追求和经济发展追求。很多学者从政治集权和经济分权的角度出发,来试图证实这种制度化的改革是中国经济发展的重要原因(杨开忠等,2003;Qian,2005;Landry,2008;许成刚,2011)。钱颖一提出了著名的"财政联邦主义"(Chinese federalism)的概念,认为虽然中国在政治上是相对集权,但财政确实是分权的,而这种财政制度安排实际上属于"联邦主义"(Qian等,2005)。正是这种财政联邦主义对地方政府形成了强大的财政激励,使其更加有参与国民经济

---

① 很多学者在分析地方政府在市场中的角色和行为模式的过程中,已经明确指出了其行为逻辑,基于此,就不再将地方政府的行为逻辑单列开来。

发展的动力。杨开忠等人提出中国经济转型之所以有良好的成就，原因在于内生的重要制度现象。其中就包括了中国财政分权制度。他们认为中国改革之所以成功，关键就在于中央政府解除了管制，并通过体制外的增量改革提高了效率（杨开忠、陶然、刘明兴，2003）。在政治集权和经济分权的中央政府与地方政府关系结构下，已有研究主要是从激励机制着手分析地方政府致力于市场发展的动机。

在政治集权和经济分权的体制下，地方政府受到了自上而下的结构性激励。这种来自于中央政府的政治激励具体可以分为晋升激励和压力型体制。周黎安提出了地方官员的晋升锦标赛模式，是对地方政府的有效激励，同时也是创造中国经济奇迹的重要原因。周黎安认为，在我国中央集权的政治体制下，存在一种依据经济增长来考核和提拔地方政府官员的制度。在这种晋升制度的激励下，地方政府有强大的动力去谋求经济发展以此达到政治上的上升。周黎安认为钱颖一的"财政联邦主义"虽然是从政府体制角度出发的较好的解释，但该假说必须建立在稳定性基础之上，而且其主要是强调了地方政府维护市场的功能。中国并不是真正意义上的联邦主义，也就不存在所谓的制度稳定性。中央政府随时可以从地方政府收回权力。而且，在现实意义上，地方政府对于市场的作用远超过钱颖一所说的维护功能，而更多的是直接全面的干预。由此而言，"晋升锦标赛"制度可以作为解释经济发展的有效理论。原因在于，晋升制主要基于中央政府的集权，由中央政府或上级政府来直接掌控地方政府官员的流动上升，而将有意晋升的官员置于强激励之下。这种将中央集权和强激励兼容的模式也就不依赖政治体制变化，因此相对稳定。但是，周黎安也指出，我国现有的晋升锦标赛制尚有其不足之处，并可能会影响后续经济发展（周黎安，2007）。

针对周黎安提出的"晋升锦标赛"理论，陶然等人提出了质疑。他们针对省级官员的晋升数据进行了重新评估分析，认为并不存在所谓的自上而下地将政治晋升与经济增长联接在一起的考核系统。

而且,也没有实证的证据表明官员晋升依赖于地区国民经济总量的增长率(陶然、苏福兵、陆曦、朱昱铭,2010)。但是乔坤元通过先验和后验相结合的方式证实我国确实存在以经济增长为主要考核内容的官员晋升体系(乔坤元,2003)。蒋德权等人也通过实证考察得出官员晋升与任期内的地区经济发展有相关关系的结论,进一步证实了晋升锦标赛理论的可验证性(蒋德权、姜国华、陈冬华,2015)。

除了晋升激励外,地方政府还处于"压力型体制"结构下。荣敬本首先提出了"压力型体制"的概念,认为在中国的行政结构中,自上而下的行政压力使官员为了应对考核也必须参与经济发展中(荣敬本,1998)。与"压力型体制"相似的概念有王汉生、王一鸽提出的"目标管理责任制"及周黎安的"行政发包制"。"目标管理责任制"是指政府组织将行政目标层层分解细化为一套指标体系,并以此为管理依据。上级政府会与地方政府签署书面形式的"责任书",以此来约束地方政府行为。王汉生和王一鸽认为"压力型体制"只是"目标管理责任制"的一个方面,"目标管理责任制"还承担了对地方政府的激励作用。他们认为"目标管理责任制"属于科学管理方法,不仅可以提高行政效率,而且可以促进经济发展,尤其是私营经济的壮大(王汉生、王一鸽,2009)。周黎安的"行政发包制"将政府间关系简化为发包关系,并认为这种发包关系既有别于韦伯的科层制,也有别于纯粹的外包制。所谓"行政发包制"是一种混合形态的行政权分配、经济激励和内部控制的连接。在这个基础上,周黎安将政治锦标赛理论与之结合形成一个纵向发包、横向竞争的分析框架。周黎安认为,"政治锦标赛"理论对基层政府的职能部门的解释力较弱,而行政发包则可以将其囊括。地方政府可能同时存在"帮助之手"和"攫取之手"。行政发包制则更有利于地方领导对职能部门的监督和整合(周黎安,2014)。

丘海雄和徐建牛在综合分析了以往研究的基础上指出,在市场经济转型过程中,影响地方政府行为的因素是动态变化的。他们认为,财政分权、产权改革及市场化都是动态演化的过程,在这个过程中,地方政府的行为也发生了相应的改变,呈现出动态性。而且,这些动态的影响因素建立在相对稳定的社会结构中,因此,也要将地方政府的行为放在社会结构中考量(丘海雄、徐建牛,2004)。林南强调,在中国的基层政府中,存在一种权力和利益相结合的稳定组织,这种组织是政治、社会和文化因素相互融合的产物(Lin,1995)。正是由于社会关系网络尤其是家族亲属关系的建立,地方政府才能在市场中发挥效应。林南通过对大邱庄的政治组织与经济组织合二为一的案例考察,将地方政府参与经济建设行为定义为"地方性社会主义"。林南将以家族为单位的社会网络引入分析中,认为正是基于这种稳定的社会网络中的领导权威,地方政府组织才能有效地进行组织内部动员,以推动经济的发展。对于基层政府而言,这种自下而上的地方性社会网络组织的力量大于自上而下的国家力量(林南,1996)。

在外部政治结构的激励下,地方政府在市场中的角色和行为模式并非统一不变,而是各有差异。杨善华、苏红提出在市场经济转型中,地方政府由"代理型政权经营者"向"谋利型政权经营者"角色转变(杨善华、苏红,2002)。许文慧最早提出地方政府在市场中为"政权经营者"角色,她认为地方政府官员在"蜂窝状"社会结构下,越来越融入市场中,而偏离了原有服务于国家的角色定位。她将这种既是政府组织成员又是市场经营行动者的双重角色模式称之为"政权经营者"(cadre businessmen)(Shue,1988)。类似概念还有魏昂德提出的"地方政府即厂商"(local governmentsas industrial firms)以及戴慕珍提出的"地方政府法团主义"①(local state corporatism)。魏昂德认为在经济发展转型过程中,地方政府成为市场发展的主导力量,并且具有工业组织的特点。地方政府不但参与市场管理,更是

---

① 也有学者将其翻译为地方性国家统合主义或地方国家公司主义。

直接参与市场中的经济活动,成为市场中的重要经济行动者。魏昂德指出,地方政府的自主能力高低取决于与中央政府距离的远近。越是远离中央政府的管控,地方政府越能从市场经营和控制中获利。而这种地方政府参与市场的"厂商"角色,也推动了经济的快速发展(Walder, 1995)。戴慕珍则将地方政府与本地企业的相互依赖的模式称之为"地方政府法团主义"。戴慕珍认为,地方政府直接参与市场中的企业运营,导致地方政府与企业、工业及社会组织之间产生了复杂的关系,也将政府变为市场的代理人和行动者(Oi, 1995)。张静认为地方政府,尤其是乡镇基层政府需要依赖地方政体,从地方政府组织的个体行动者中就可以在市场中获得相应的资源和地位。因此,地方政府拥有了"政权经营者"的新角色(张静,2000)。杨善华、苏红在综合了以上观点后认为,随着我国财政体制改革的深入,地方政府逐渐变为相对独立的行政主体,并且在承担具体工作任务时,逐渐摆脱了国家代理人的角色定位,而转向了"谋利型政权经营者"的角色(杨善华、苏红,2002)。市场的发展造就了地方政府角色变迁,而这种变迁又促进了市场的发展。

这种角色变动同时也带来了地方政府在市场中行为模式的多元化。地方政府在市场中的行动模式可谓纷繁复杂,不同地区在不同阶段均有不同的行为模式,但大致可分为治理行为模式、竞争性行为模式及合作性行为模式。

黄宗智认为地方法团主义没有办法解释上世纪90年代以后的地方政府招商引资行为。黄宗智指出,地方政府往往通过"用低于其成本的土地和配套基础设施,另加各种显性和隐性补贴以及税收优惠,并允许绕过国家劳动和环保法律来招引外来投资"(黄宗智,2010)。黄宗智将其定义为"非正规实践",并认为正是这种非正规实践带来了非正规经济的兴起,从而成为中国经济发展的主要动力。但是,从另一方面而言,这种非正规经济也为中国带来了社会和环境危机。倪志伟从自卜而上的经济发展模式解释了中国经济腾飞的原因。他认为正是这种非正规经济使得企业在市场经济中更加具有活力,正是这些私营企业而非国企和央企为中国经济的快速发展创造了条件(倪志伟,2013)。虽然,倪志伟没有如黄宗智一样,明确指出政府的作用,但是在地方政府利用中央政府的"松绑"来完成经济发展方面有着相似之处。同样是招商引资,曹正汉以杭州萧山区为例,认为随着中央政府市场化改革的深入,地方政府在市场中的治理模式也由"经营企业"转变为"经营辖区"。所谓"经营辖区"是指以辖区整体为单位进行企业化管理,以土地为载体,通过对辖区整体规划并创造良好的投资环境来招商引资,尽可能地提高辖区的整体经济收益。地方政府的地方经济发展模式由"抓住办企业的权力"转向了"抓住企业开发权",以此来对地区经济进行控制和经营(曹正汉,2012)。

赵树凯、折晓叶及周鲁耀认为,地方政府在参与经济的过程中,也受到市场机制的影响。赵树凯在地方政府法团主义概念的基础上提出了"地方政府公司化"的概念,认为地方政府在决策中也越来越多地采用"成本—收益"的类似商业性公司的决策原则。赵树凯运用"地方政府公司化"的概念来说明在国家—社会的结构中,地方政府在行政运行过程中如何接受或者扭曲中央政府的政策指令(赵树凯,2012)。折晓叶和周鲁耀则将地方政府在行政过程中利用公司化平台进行经营性运作的治理模式称之为"统合治理"(折晓叶,2014;周鲁耀,2015)。周鲁耀认为在该治理模式下,"政治机制、行政机制与公司化经营机制的联结成为地方政府权力运行模式的主要特征,项目平台公司成为承载权力运行的典型组织化治理工具,并进而实现了外部资源汲取能力的提升及内部资源整合能力的强化这两方面的权力扩张"(周鲁耀,2015)。

何显明与耿曙、林瑞华通过对具体个案的观察来分析政府在市场中的治理行为。何显明通过对义乌经济发展模式的研究,发现政府对市场的治理不能遵循经济学中的无为模式,而是要有效地对市场进行引导、扶持,从而促进市场的发展。但同时,政府也要遵守与市场的边界划分,以避免从"扶持之手"变为"掠夺之手"(何显明,2007)。耿曙等在对富士康的转型升级的研究中发现,地方政府的治理模式对企业的转型升级有着重要影响作用。在晋升激励的体制下,地方政府没有动力通过长期培育来促进企业的转型升级,更有意通过企业的搬迁来完成转型升级。原因在于,长期培育的模式不易进行量化,对地方政府官员的升迁无益。而政府的逆向寻租行为又使企业可以从迁移中获利。因此,企业选择通过转移进行产业升级(耿曙、林瑞华,2014)。

在地方政府对市场的治理中,不仅在于促进市场发展和产业转型升级,也会对市场中的行动主体进行"掠夺"。在地方财政不满足自身需求的条件下,地方政府也会选择对企业进行自上而下地攫取资源。周雪光将其称之为"逆向软约束"。周雪光认为,逆向软约束机制不合理但又稳定的原因在于其背后的激励机制和组织制度。从微观层面看,个人目标与组织目标不吻合是常有之事,如何解决此类矛盾是组织的中心问题。一般而言,组织会设计一套制度来解决个人目标与组织目标不一致的冲突,但是一方面组织可能不会充分了解个人目标,另一方面组织目标具有多重性,因此在制度设计上往往较难实现。而且,政府官员的待遇(个人利益)与所在职位有关,所以可以将基层政府设定为由关心自身利益的官员组成。在这种假设之下,周雪光提出:"政府官员关心的是他们在任期间的短期政绩,因为这是影响一个人职业生涯最为关键的因素;而对短期政绩的追求是导致突破预算约束的激励机制。"(周雪光,2005)晋升激励和淘汰制激发了地方政府追求政绩的意愿,并且由于机会期较短,所以会倾向于短期就能看到成果的"资源集中型"项目。这些项目成为地方政府官员向上发出的信号。在这种短快力度大的项目的压力下,地方政府很容易突破目前的财政预算,在得不到上级政府扶持的情况下,只能向下摊派(周雪光,2005)。狄金华在周雪光的"逆向软约束"的基础上,进一步阐释了此现象会在何种情况下发生。在探讨发生机制时,狄金华引入了目标属性、行为条件和督查机制这三个维度,并且认为地方性预算软约束行为主要受此影响和制约(狄金华,2015)。狄金华进一步深化了"预算软约束"概念,将其框定在一个具体范围内。但是有一点需要注意,其仍然将地方政府视为理性组织,并将主观因素排除在外。该前提是地方政府对现有资源能否达成目标全面了解并对所有信息全盘掌握。这一点仍有待讨论。而且将经济学概念引入社会学分析中,不可避免要接受经济学的"理性假设",在这个基础上概念对现实的解释力存疑。

市场中的地方政府间的竞争性行为受到了很多学者的关注和研究。唐海华认为,改革开放以来,我国的政治体制从"动员体制"转为"压力型体制"。在这种政治体制下,干部考核中的经济建设所占比例越来越高。而且区域间的自然条件和经济基础的差异,造成了地区间经济发展的不平衡,从而使外部压力转化为地区间竞争压力,加剧了地区间的攀比竞争。地方政府间的竞争并非一成不变(唐海华,2006)。另一方面,"晋升锦标赛"理论不仅能解释地方政府为何致力于市场经济发展中,也可以解释地方政府在市场中的竞争行为。在"晋升锦标赛"的基础上,唐睿、刘红芹提出,中国地方政府行为经历了从一元的以经济增长为主要目标的"晋升锦标赛"到社会公平与经济发展并重的二元竞争模式。在他们看来,中央政府与地方政府并非是静态机械性的关系,而是动态关系。虽然在财政和政治激励的研究框架下,地方政府似乎是只为追求当地 GDP 的增长而努力。但实际上,中央政府并非是完全放任的管理者,而是会依据自身意志调控地方政府行动。中央政府在意识到地方政府过分重视经济发展的负面效应后,相继出台了一系列保障社会公平的政策,以调整地方政府的行为。而地方政府之间的竞争性行为也从一元的 GDP 竞争发展为多重目标下的二元竞争。地方政府之间的竞争不仅表现为晋升激励下的地区经济发展的竞争,也表现自下而上获取财政支持的竞争(唐睿、刘红芹,2012)。冯猛指出,地方政府之间的竞争关系在产业政策选择上表现为:为了谋求比较效用,地方政府会刻意选择与其他地区不同的产业政策,以及新任政府会选择与原有产业不同的产业政策。这种选择导致了地方之间产业出现区别度高、更新快、典型性强的特点。在现有的政治激励制度下,地方政府通过打造典型产业来谋求政治上的晋升。典型产业本身即意味着一种创新和晋升资本,因此,地方政府倾向于频繁更换典型产业的打造目标(冯猛,2014)。

地方政府之间的竞争性行为不仅表现在产业的典型性和快速更替上,也体现在对产业的包装上。李敢指出,在纵向发包和横向竞争中,随着上级政府对地方政府官员的考核标准的转变,地方政府的行为更多地体现在"辖区包装"和"运作仪式性"上。这种"仪式性"并非传统意义上的负面的表面应付行为,而是具有多重性(李敢,2017)。在分税制基础上,中央政府对地方政府有着转移支付的财政补贴形式(周飞舟,2012)。地方政府尤其是欠发达地区的基层政府难以依靠本地的财税支撑发展,因此会谋求中央政府或者上级政府的财政补贴。而中央财政的转移支付往往是通过项目制的形式实施。因此,地方政府争取中央财政的支持转为对项目的竞争。同样是对产业中地方政府的包装行为研究,冯猛在分析东北特拉河镇的产业项目包装行为时指出,在财税制改革后,地方政府维持财政收入的方式由之前的"向下要"变为了向上申请"项目资金"。这种方式的转变也导致了地方政府在项目申请中,对产业链的每一环都进行包装美化,以期获得上级政府的认可,在众多竞争项目中提高申请的成功率(冯猛,2009)。

地方政府在干预地方经济发展中,不仅在横向上有竞争性行为,在纵向上也有合作性行为。主要表现为,上下级政府间合谋以及政府与市场中主体行动者(如企业、农户等)的合作。周雪光认为,上下级政府之间合作应对上级政府的行为非常普遍。周雪光将之成为

"共谋行为",而且赋予其中性意义。并且认为,这种"共谋行为"是地方政府实行中央政策的弹性和适应性,也是制度创新的来源。虽然中央政府试图克服这种现象,但是并没有达到目的。而且,这种"共谋行为"表现出了强大的韧性和公开性(周雪光,2008)。欧阳静在分析地方政府招商引资行为中,指出,正是在"压力型体制"下,地方政府常常以"科学发展观"之名来行"经济增长至上"之实。由于上级政府设置的激励制度与地区实际情况不相符,地方政府只能用策略主义逻辑来完成任务目标。这样一来,地方政府往往只追求短期目标的实现,而忽略长远的战略计划。面对上级政府的"硬指标",无法单独完成任务的地方政府只能选择与下级政府合谋,来共同应付上级政府的考核。由于压力型体制缺乏有效的信息来源和监督机制,因此,上下级地方政府之间也容易形成这种策略主义的合谋行为(欧阳静,2011)。刘军强等人认为,地方政府频繁更换致力于打造的重点产业是强激励和弱惩罚下的适应性行为。在政治上的强激励下,地方政府为谋求晋升而积极响应上级政府设定的目标。但是在产业考核验收阶段,由于弱惩罚制度,地方政府很容易与上级政府进行合谋来应对考核。在这种"积极的惰性"之下,地方政府容易频繁更换产业目标(刘军强、鲁宇、李振,2017)。

地方政府与企业的合作性行为主要表现为引领型(符平,2018)。地方政府在参与经济发展的过程中,不可避免要与市场主体进行合作。一般而言,地方政府会主动与企业或农户进行合作,并主导整个合作过程。符平认为,地方政府一般会与当地龙头企业共同合作以争取国家项目和资金补贴,来促进产业的发展。地方政府深度参与整个合作过程,甚至几乎被看作是企业中的一个部门(符平,2018)。关于地方政府与民众的合作行为的研究,冯猛在特拉河镇的产业项目打造过程中发现,地方政府为了达到产业目的,会选择与当地农户合作。在合作过程中,地方政府不仅为农户提供规划,还为其提供财政补贴支持。因此,会在短时间内促进产业迅速发展,并有较好的反响。但是到后期,地方政府不再为农户提供补贴服务,合作关系断裂后,产业也随之萎缩。政府全程主导了与农户的合作关系。农户一旦进入这种合作关系,就很难退出,因此也只能承担产业失败的后果。这种由地方政府主导的非良性的合作行为,也是产业短命化的重要原因(冯猛,2015)。

整体而言,地方政府参与市场建设的行为受国家、市场和社会三重力量的推动(丘海雄、徐建牛,2004)。国家的力量主要体现在自上而下的行政结构,及国家的政治、政策等方面。国家通过自上而下的行政体制改革及政治激励,给予地方政府制度弹性空间。地方政府在国家的强激励(分税制、晋升制和压力制)下,充分发挥自主性来积极参与市场建设。但是这种强激励也有其负面影响,地方政府官员可能会出现贪污、寻租、"选择性应付"等行为,进而影响国家的整体治理。同时,在这种强激励下,地方政府之间也会出现激烈的竞争性行为,虽然一方面会刺激经济增长,但另一方面恶性竞争也会造成资源的浪费等。市场的机制对地方政府的行为的影响主要表现为,地方政府将市场的逻辑带入了治理逻辑中。"地方政府公司化"不仅是指地方政府对市场的治理,而且也被运用于其他治理领域中。很多地方政府不仅在决策中也越来越多地采用"成本—收益"的类似商业性公司的决策原则,而且也通过公司化运营的方式进行行政治理。社会结构对地方政府的影响因素虽然较少被提及,但是依然是重要的方面。稳定的社会结构是地方政府在市场建设中发挥作用的重要平台。在此基础上,地方政府通过社会网络关系来对资源进行控制和动员,从而达到推动经济发展的目的。

前人的研究为本文提供了很多思考进路和有益的启发,但也仍有其解释不足之处。以往的研究多从动力机制着手,研究地方政府积极参与本地经济发展和市场规划的动机,并且将地方政定义为"追求财政""追求晋升"在体制压力下的"理性"组织。如果按照上逻辑,正如冯猛所言,地方政府官员为了追求财税最大化和有效晋升,应选择交税高,短时间内即具有规模效应的产业作为培育目标,而应拒绝那些"效益低"、需要长期发展的产业(冯猛,2014)。但在实际经验中,依然有较多致力于专一发展目标的地方政府。本文个案中的地方政府就在十几年中坚持一个产业发展目标,即使中间经历了多次主要领导("一把手")的调整,也没有动摇之前的产业政策设定。因此,从这一角度而言,以往研究并不能对其进行有效解释。

地方政府对经济发展的参与程度存在时间维度的差异性,尤其是改革开放之后,不同阶段地方政府的参与行为有较明显的差别。因此,可以说以往研究都具有相对的时空局限性,只能部分地解释彼时彼地的地方政府的模式和行为逻辑。而且,多数研究虽然注意到地方政府行为逻辑的变迁,但并未明确指出其具体的变迁过程,只是将其变化前后的行为特征和区别展示出来。在不同时期,地方政府的行为逻辑虽然有变化,但并不是跳跃式的变迁,而是连续性的变化过程。前期的行为也是后期行为的基础,前期的行为逻辑也会对后期的行为造成影响。遗憾的是,以往研究并未能将这一连续性的逻辑变迁过程清晰地呈现出来。本文在以往研究的基础上,试图通过具体个案的呈现,来探寻地方政府在产业打造中的行为逻辑变迁过程。

第二章　结构—利益框架的提出

　　基于发展型国家而来的"嵌入式自主"理论是埃文斯从国家层面着手,讨论了发展型国家的发展模式及行动逻辑。埃文斯认为发展型国家成功的关键在于嵌入式自主。虽然埃文斯主要是用来解释第三世界国家的发展问题,而且是从宏观的国家层面进入,但是其"嵌入式自主"的概念对于国家机构下的地方政府研究仍然具有较大的借鉴意义。地方政府嵌入于何种结构中,又如何发挥其自主性,将是我们需要重点解决的问题。基于本文的研究主体和研究对象,本章从发展型国家理论出发,详细说明嵌入式自主的具体理论背景。同时,对"嵌入式自主"这一概念进行降维解释,使其能在中观层面解释地方政府打造产业的行动逻辑。在进一步的解释中,本章将在经济社会学的制度主义理论背景下,建立"结构—利益"的分析框架,从动机和机制着手,解释产业变迁下政府的行为变迁逻辑。

一、发展型国家理论与"嵌入式自主"

　　"嵌入式自主"(embedded autonomy)的概念是由埃文斯(1989,1995)在定义发展中国家特征时提出的概念。埃文斯通过比较分析了四种不同发展类型的第三世界国家后,认为发展型国家之所以可以取得快速经济发展的不同之处在于国家处于高度的"嵌入式自主"中。所谓"嵌入式自主"在埃文斯看来是"嵌入性"(embedded)与"自主性"(autonomy)的结合。

在分析对比了韩国、日本、中国台湾等东亚国家地区的发展模式与印度、巴西、扎伊尔等国家的发展模式后,埃文斯将东亚国家地区定义为发展型国家地区。尤其是韩国,被定义为高嵌入性和高自主性相结合的典范。扎伊尔被认为是典型的"掠夺性"国家,是低嵌入性和低自主性的代表。印度和巴西被作为中间型的例子来分析。埃文斯认为正是因为发展型国家具有"嵌入性"和"自主性"的特点,才能在经济发展中取得较好的成果。发展型国家的内部组织更接近于韦伯式官僚制。严格筛选的精英招聘和长期职业回报创造了忠诚度和整体一致性(corporate coherence),而这种整体一致性又使这些官僚机构具有某种"自主性"。但这种"自主性"并不像韦伯建议的那样与社会完全隔绝。相反,它们嵌入在一系列具体的、将国家和社会连在一起的社会关系里,并且为反复协商目标和政策提供了制度化渠道。自主性和嵌入性这个组合的任何一方都无法单独获得成功。一个只有自主性的国家将缺乏信息来源并且缺失依靠下属机构来实施政策的能力。如果没有坚实的内部结构和紧密的连接网络,国家将无法解决"集体行动"(collective action)的问题,也无法超越私营部门的个体利益。只有当嵌入性和自主性结合在一起时,国家才能被称为发展型。

埃文斯提出的这个概念,主要针对新功利主义的"国家观"而言。在他看来,国家在经济发展中的作用是极其重要的。排除"国家"这个因素,就无法解释第三世界国家的经济发展问题。新古典主义经济学虽然承认"国家的存在对经济增长是必不可少的"(North, 1981:20),但是他们眼中的国家只是一个最低限度的国家,"在很大程度上,如果不是完全的限制,以保护个人权利、个人和财产,并强制执行自愿谈判的私人合同"(Buchanan et al, 1980:9)。在新古典主义经济学范式中,国家是可以不被讨论的外生于市场的一个"黑箱"(a black box),它的内部功能不是经济学所要分析的对象。然而,新功利主义者却认为,国家行动对市场发展带来的负面经济后果太重要以至于不得不对国家进行分析。新功利主义理论将国家视为同个体行动者一样的"理性人",将国家置于个体利益最大化的分析视角之下,认为国家是官僚机构的"寻租天堂"。上位者为了稳定支持来源,必然会对支持者提供利益来进行激励。这种共生关系的强化,使得国家更加依赖于寻租,从而成为"掠夺者"。埃文斯认为这种将国家作为原子化个体的分析方式不可取,原因在于国家采取任何强制性行动都需要由组织而非个体的集合来完成。如果没有强有力的激励逻辑来约束个人行为与集体目标的方向一致,国家就不能发挥其作为契约执行者的最基本的作用。而且,新功利主义者同样不能解释,为什么很多国家没有无限寻租而成为"掠夺型"国家。埃文斯反对新功利主义将国家视为"寻租"和"掠夺"的阻碍市场经济发展的"罪魁祸首"的观点,相反,他认为不同国家的经济表现与其国家结构有着密切关系。

在埃文斯看来,国家首先应保持有效的"自主性",不被利益集团或其他社会群体"俘获",从而保持决策的相对独立和客观。而韦伯式的官僚体制正是其保持自主性的前提。但是,不可否认的是,官僚体制在很长一段时间中都被认为是具有贬义的,并不是效率的代表。对于创新进取和有效治理而言,它是一个衰退和无益的对照或是新功利主义国家形象所假定的特权者为自我牟利的一个集合,还可能被认为是这二者的恶性结合(Evans,1995:40)。"官僚制"作为一个通用概念,相当于"国家的组织机构"。在"官僚化"的程度上,国家间似乎没有太大差异。

但其实对于韦伯来说,政府对市场中的行动者有较大作用,正是在于他们的行为遵从了一种与实用主义交换截然不同的逻辑。在考察现有的市场社会时,韦伯认为大规模资本主义企业的运作取决于只有现代官僚制国家才能提供的市场秩序。正如他所言,"资本主义和官僚主义找到了彼此,并紧密地联系在一起"。韦伯对这种亲密关系的假设,当然是基于一种官僚的国家机器的概念。韦伯式官僚只关心完成他们的任务并对整个组织目标作出贡献。国家支持市场能力建立在官僚主义的基础之上,在这个组织结构中,个体行动者认为完成组织目标是最大化个人利益的最佳方式。组织的一致性要求,个体行动者在某种程度上与周围社会相隔绝。反过来,通过赋予官僚独特而有价值的社会地位又可以加强这种隔绝。通过精英招募、提供长期职业奖励的机会以及在官僚机构中获得专业知识也对官僚主义的有效性至关重要。简而言之,韦伯认为建立一个可靠的权威框架是市场运作的必要前提(韦伯,2010:330—331)。

韦伯的最初主张,即官僚制国家结构赋有优势,受到当代分析家的持续支持。在这点上,米道尔与阿姆斯登和韦德是一致的。在强调"混乱"是"强国家"出现的必要条件的同时,米道尔谨慎地指出(1988:274),一个"独立的官僚机构"(independent bureaucracy)是其中的一个充分条件。阿姆斯登和韦德都认为,国家官僚在产业转型中发挥重大作用(Evans,1995:40)。但是,韦伯的"官僚制假说"(bureaucracy hypothesis)依然是以内部结构作为分析的出发点,并没有回答外部性问题,即国家——社会的问题。国家——社会关系的问题更为复杂,同时存在两种明显冲突的态度。一方面是"隔绝"(insulation)的态度。对韦伯而言,与社会隔绝是官僚制正常运作的一个必要的先决条件①。另一方面,米道尔认为国家机构中的地方"执行者"和外界"强人"之间的关系削弱了国家实施发展计划的能力。从逻辑上说,强调隔绝是有道理的。除非对其余国家机构的忠诚在某种程度上优先于与其他社会群体的关系,不然国家将无法运作。面对社会,韦伯假说中设想的那种一致的、有凝聚力的官僚机构必须有一定程度的自主性。但是问题在于,这样就会将隔绝的益处

---

① 对"隔绝假说"(insulation hypothesis)的新近阐述,参见,例如,Haggard(1990)或 Haggard and Kaufman(1992)。

与孤立的成本分开。埃文斯认为,应该将国家——社会关系的问题置于动态的形式下进行重新考量。即,对于国家的社会对应面的不断变化的特征而言,国家政策应该成为一种内生要素。因此,他将国家的整体一致性和联系性(connectedness)这个明显的矛盾组合称为"嵌入式自主",并认为这一组合形式为国家成功地介入产业转型提供了潜在的结构基础。

国家与社会结构相互塑造这一事实,令自主性和嵌入性如何能够有效地结合起来这一问题变得更加复杂。有组织的社会群体希望从经济发展中获益,其存在增强了官僚制国家转型的期望;而有效的官僚机构又增强了潜在的实业家或"初期上等阶层"成为有组织的社会群体的期望。相反,当安于现有既得利益的地方掌权者通过松散的网络主导社会时,一致的、有凝聚力的国家机构就难以生存。这是因为,缺乏一个一致的国家机构使得公民社会难以超越地方性忠诚的松散网络进行自我组织。

外部关系的中心性致使一些人认为国家的有效性"不是从它的固有能力而是从它与市场参加者互动的复杂性和稳定性"中产生的(Samuels,转引自 Evans, 1995)。这种观点的危险性在于,它将外部网络和内部的集体一致性相对立,反对替代性解释。相反,内部的官僚一致性应当被视为国家有效参与外部网络的一个基本前提。如果国家不是一个非常能干且有凝聚力的组织,它将无法以它的方式参与外部网络。如果国家不"自主",那么它就没有什么可提供给私人部门的,"自主"意味着独立制定自身目标的能力,以及依靠其内部工作人员的能力,相信他们将执行这些目标视作与他们的个人职业同等重要。国家的"相对自主性"使它得以解决私人资本的"集体行动"的问题,帮助资本作为一个整体达成解决方案。这种"嵌入式自主",正是掠夺性国家恣意专制的对立面,是发展型国家有效性的核心。"嵌入式自主"将韦伯的官僚绝缘和与周边社会结构的密切联系相结合,为国家——社会关系理论提供了一个具体的解决方案。对于一个一致的、有凝聚力的国家机构而言,与社会隔绝对于保护国家能力是不必要的。联系性意味着能力的增强而非俘获。当然,自主性和嵌入性如何结合,取决于行政机构的历史确定的特征以及社会结构的性质。

埃文斯从国家层面着手,讨论了发展型国家的发展模式及行动逻辑。埃文斯认为发展型国家成功的关键在于嵌入式自主。嵌入式自主要求官僚机构既要有自主性,又要与社会有紧密联系,只有兼具两者才能科学地制定政策、顺利地推行政策,进而获得发展的成功。埃文斯的发展型国家理论由国家中心主义转向了国家——社会关系的视角,认为国家指导经济的能力在于嵌入式自主性的高低,或者说国家、市场和社会的互动才是关键。布洛克、埃文斯指出国家和经济并非互不相干,而是互相建构;国家与经济都嵌入于特殊的制度性结构的社会中;这嵌入性是动态的,并且随着制度变革而改变(转引自斯梅尔瑟、斯维德伯格,2014:567)。埃文斯的嵌入性并非传统经济社会学领域的"嵌入性"概念①,而是受布洛维"公式"的影响,参照迪马吉奥等人的用法,将"嵌入性"概念化为多元的维度——社会的、法律的、政治的和认知的。因此,其嵌入的观点指的是市场经济嵌入于市民社会中,而市民社会又与国家形成互构关系(布洛克、埃文斯,转引自斯梅尔瑟、斯维德伯格,2014:568)。在他看来,市民社会的实质是衍生于社会关系的人类活动,这些活动建立在规范性认同之上。从埃文斯的表述可以看出,他将社会与国家分割开来,所谓的国家的嵌入性不过是建立了与社会的联通渠道,以方便获取信息。因此,他的"社会"并非广义的概念,而是将其定位在"市民社会"范围内。与其说是国家嵌入于社会,不如说是国家与社会互相建构。而且,埃文

---

① 虽然埃文斯认可波兰尼的嵌入性含义,并且在文章中指出国家与经济的互构即经济嵌入于社会和政治结构中(转引自斯梅尔瑟、斯维德伯格,2014:568),但埃文斯认为基于实际对象的嵌入更为深入。

斯也指出"更多的政府"并不是完全有用,政府也往往会陷入停滞和衰败的困境。因此,成功的经济和有效的治理需要建立在政府、市场行动者和市民社会之间生产性互动机制上(布洛克、埃文斯,转引自斯梅尔瑟、斯维德伯格,2014:584)。

从这一点而言,埃文斯的"嵌入性"与格兰诺维特的"嵌入性"有相似之处,属于"形式嵌入",而非波兰尼的"实体嵌入"①(符平,2009)。埃文斯虽然强调了市场是嵌入于社会中的,但是将国家置于社会之外,认为二者只是相互关联相互影响。按照波兰尼的嵌入性而言,国家亦是社会的一部分,而非孤立的存在。而且,在埃文斯看来,市场并非完全受公民社会的影响,而是通过独立的机制发挥作用。同样,格兰诺维特的"嵌入性"也认为市场虽然要受到来自社会方面的诸多影响,但却是社会的非有机组成部分,市场中总存在那么一个不受社会影响、社会因素无法进入的"硬核"部分。二者都关心的是,社会结构对经济结果的影响。但这并非否定了埃文斯的"嵌入性"的价值。正如符平所说:"从研究层次上来看,如果说波兰尼取向停留于社会理论层面的宣称的话,那么,格兰诺维特取向则是一个试图连接宏观与微观的中层理论,更容易在经验研究中得到运用。前者是思想性的,虽能给人们带来诸多智识上的启发,但难以作为分析性和操作性的概念工具应用到具体的经验研究;而后者是分析性的,旨在探讨行动者(个体抑或组织)如何嵌入处于社会下位的关系网络或政治文化,对解决中、微观的具体问题富有助益"(符平,2009)。换句话说,正因为采用的"形式嵌入"才使得埃文斯在一定范围内明确区分出国家、社会与市场的边界,从而指出他们的连接关系。

在埃文斯看来,发展中国家的内部组织更接近于一个韦伯式的官僚机构。高度选择性的精英招聘和长期的职业回报增强发展型国

---

① 虽然,埃文斯并未提起过格兰诺维特的嵌入,而是将自己的嵌入性归为波兰尼式的嵌入

家政府机构的内部凝聚力,从而保障国家不被社会俘获、具有自主性。同时,官员与企业家之间、行政机构与公私企业之间的紧密关系保障了政府与社会的联系性。二者缺一不可。一个只有自主性的国家既缺乏智慧的来源,又缺乏依靠分散的私人执行的能力。如果没有强有力的内部结构,密集的连接网络将使国家无法解决"集体行动"问题,即超越其私营部门的个人利益。只有当根植性和自主性结合在一起时,才能称之为发展。这种"嵌入式自治",为成功的国家参与工业转型提供了结构基础。同时,埃文斯指出,国家具有自主能力,但这种能力必须转化为国家行动才能起作用。他从国家"角色"来讨论国家介入的模式。埃文斯(1995:13—14)认为,国家在干预经济过程中扮演的角色可以分为两种类型:"监护人"(custodian)和"造物主"(demiurge),代表监管者和生产者的传统角色的变化;"助产士"(midwifery)和"培育者"(husbandry),更多地关注国家机构和私人企业团体之间的关系。埃文斯指出,大多数国家在同一产业部门综合运用多个角色,其结果取决于这些角色是如何组合的。

但是,必须指出的是,在不同的国家中,政府和社会的互动关系各不相同,官僚机构要想达到自主性和与联系性的平衡并不容易。埃文斯认为,发展型国家保障嵌入式自主的制度设计和非正式关系,是经过长期的历史演变和文化熏陶所形成的,如果其他国家简单模仿制度而不考虑制度与环境的匹配,那么其发展结果也是难以成功的。此外,即使政府具备了嵌入式自主性,还应该考虑自主性背后的意愿,即究竟是为了谋取私利,还是为了获得国家发展。但是在埃文斯的文章中,他没有关注官僚机构的意愿,更没有探讨其自主性的来源,因而具有重大缺陷。另外,虽然埃文斯一再强调"嵌入性"的作用和意义,但在表述过程中并没有展示出嵌入的过程,以及与"自主性"的有机结合。

虽然埃文斯的"嵌入式自主"主要是用来解释第三世界国家的发展问题,而且是从宏观的国家层面进入,但是其"嵌入式自主"的概念对于国家机构下的地方政府研究仍然具有较大的借鉴意义。地方政府作为国家——社会结构的连接点(何显明,2007),其嵌入性和自主性更加明确。而且,降维至地方政府层面还可以弥补原概念本身的缺陷。正如上文所说,埃文斯虽然指出了"嵌入式自主"的"嵌入性"和"自主性",但碍于研究对象所限,没有指出其"自主性"何来,以及"嵌入"过程。从地方政府层面而言,这两个问题可以在国家——社会的结构中解释。地方政府嵌入于国家结构中,国家的官僚体制和相对社会的隔绝赋予了其基本的国家"自主性"和"自主能力"。埃文斯提出的"自主能力"概念对地方政府行为变迁的解释力更为显著。相对于宏观而较少受到制约的国家能力而言,地方政府的自主能力是受到国家组织层面的制约和影响的。国家治理机制的变革直接导致地方政府自主性的变化。从另一方面而言,地方政府也受社会的影响形塑。社会结构和社会网络都从不同的层面影响了地方政府的策略选择。如果说国家与社会的关系是一个动态的过程,那么作为连接点的地方政府不仅嵌入于国家——社会结构中,也受二者动态关系的影响。

在政治学领域中,"国家自主性"(The Autonomy of the State)是一个反映国家与社会关系的重要概念。其主要内涵体现在国家如何超越社会力量的制约,从而保持自身的独立性和公共性(时和兴,1996)。很多学者也从公共管理的角度探讨了地方政府的自主性问题。比较有代表性的是何显明提出的地方政府的"自主性空间"的概念[①]。何显明(2007a)认为,在市场经济发展过程中,地方政府之所以出现行动差异性在于,中央下放的自主权给予了地方政府弹性的自主性空间以追求自身利益。这种弹性造成了地方政府自主性的不断

[①] 何显明在阐述"地方政府自主性"概念时,重点区别了自主裁量权(Discretion)和自主权(autonomy)的不同,并认为自己的自主性不同于二者,在经过权衡之后,认为更偏重Discretion这一概念(何显明,2007)。

扩张,从而使地方政府的行动存在多元化的可能。

何显明将"地方政府自主性"定义为"地方政府能够在何种程度上超越各种政治、行政力量的制约,按照自己的效用偏好去实现其特定的行政目标的可能性"(何显明,2007b)。虽然何显明在界定地方政府自主性的三大构成要素时,将外部制度的约束纳入其中,但更多的是在强调地方政府的独立的利益结构和由此产生的特定目标和偏好。何显明认为,分权制改革与体制经济增长使得地方政府越来越趋向于"理性经济人"角色。而政府结构关系中,上下级关系越来越趋向"承包"化。地方政府只要完成上级考核,就不会受到更多的约束,从而有更多的自主性空间来追求自身的特殊利益(何显明,2007b)。这种将地方政府带入了"理性人"的假设中,作为独立的"个体"解释的偏向性,显然是埃文斯所反对的。何显明看似将地方政府置于国家与社会结构中,实则独立于中央政府和社会之外,这种做法值得商榷。其次,虽然何显明看到了财政分权的作用,但忽略了政治上集权的事实。只利用财政分权来探讨地方政府行动是有失偏颇的。再者,何显明从个体行动者的角度出发,将所有政府都定义为追求"私利"的政府[①],忽略了地方政府组织的复杂性,还是陷于宏观的普适性的理论中。因此,何显明所强调的地方政府自主性只能解释能动性较强的地方政府,比如其文中的浙江省政府,对于其他类型的地方政府解释力存疑。

何显明在论述地方政府自主性时,强调了自主能力的作用。何显明强调,地方政府按照自身意志达到目标的能力是自主性实现的重要构成要件之一。地方政府将自主性空间扩展到何种程度,主要取决于自身的行动能力,如地方公共资源的调配能力、同上级政府的

---

① 何显明虽然强调了自己并非认可将地方政府作为追求个人利益最大化的"经济人",而且用有限理性代替了完全理性(何显明,2007b)。但其根本的前提依然是个体化行动的理论逻辑。

博弈能力、主要官员的决断能力等等。在他看来,地方政府的自主能力主要体现在财政和经济实力上。财政包干制扩大了地方政府的自主性主要在于,地方政府提高了自我掌控的资源,从而降低了对中央政府和上级政府的依赖。地方经济越发达,地方政府的自主能力就越强,从而诱发了地方政府的自主性空间扩张意愿(何显明,2017a)。何显明看到了地方政府自主能力对于自主性的作用,并且也似乎暗示了二者有互相推动的关系。但其对于地方政府行动逻辑的解释力和解释范围都较为狭隘,而且也没有明确指出自主能力由何而来。即使如此,何显明对地方政府自主能力的阐述对本文仍有较大的启发作用。

本文在埃文斯的"嵌入式自主"概念的基础上,以经济社会学的制度主义理论为理论出发点,从地方政府的"嵌入性"和"自主性"方面着手分析其在产业打造过程中的行动逻辑。在地方政府打造产业过程中,地方政府作为一个在国家行政结构中相对"自主"的组织,在特定的市场场域中以行动主体的角色参与经济活动。在这一过程中,地方政府形塑了市场结构,同时市场也影响了地方政府的行动,二者为互构的关系。另外,由于地方政府嵌入于国家——社会结构中,在市场因素作用的同时,其行动也受到了国家、社会因素的影响。而且,在不同阶段中,此三者对地方政府的行动在制度性结构及影响作用等方面并不相同。在多重因素叠加的作用下,地方政府的行动随之改变(如图 2.1 所示)。在特定的场域中,嵌入于国家——社会结构中的地方政府作为主要行动者在与市场的互动中,在一定程度上干预了市场的运行,但同时也受到了市场的影响,二者之间互相建构。在这一过程中,国家与社会呈现出互相联接、互相影响的结构关系。

埃文斯从国家结构和国家——社会关系入手,研究了其对社会变迁的影响,更具体来说,是研究它们对产业组织的影响。即,捕捉国家——社会关系的动态变化并用韦伯式"内部组织假说"将它们连

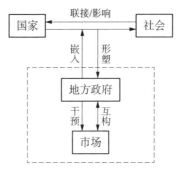

图 2.1 地方政府"嵌入式自主"结构示意图

接在一起。本文则从社会结构开始,试图解释研究在国家——社会关系制度性结构下和特定市场场域中,地方政府的行动逻辑和经济发展结果的共变。

二、基于制度主义的结构——利益分析框架

无论是在经济学还是社会学中,制度都是极为重要的概念。而且这两个不同的学科领域的学者对制度概念的界定居然有着惊人的一致性,他们都认为制度是促进、激励和支配社会及经济行为的正式和非正式的规则(转引自斯梅尔瑟、斯维德伯格,2014:78)。虽然,经济学的新制度主义是从"有限理性"出发,通过对效率和交易成本等概念的引入来分析外部制度环境对市场中组织的影响。而社会学,主要是组织社会学的新制度主义则是从效率机制的对立面出发,运用合法性概念解释组织中的趋同性现象(周雪光,2003:106—107)。如果说,经济学的新制度主义更强调从组织的内部性出发,研究正式制度(如规范、协议、国家政策等)如何使得组织降低成本,提高利润,那么组织社会学的新制度主义则是从组织的外部性着手,强调文化、共享意识等非正式制度对组织行为的影响(转引自斯梅尔瑟、斯维德伯格,2014:61—71)。虽然,二者的研究具有明确的区分,但是基于对制度概念的

认同,而且新制度主义经济学在后期向社会学转向,二者仍有理论整合的可能。新经济社会学的新制度主义就是基于二者的理论整合而来。

从理论本源出发,新经济社会学的新制度主义主要承自组织社会学的新制度主义(高柏,2008)。新经济社会学的新制度主义全面继承了组织社会学的新制度主义的合法性机制和制度内生性,并且否认新制度主义经济学关于方法论个体主义的理性行为假设。新经济社会学的制度主义认为人们并非常常受功利主义的驱使,更多地是在制度的压力下,处于合法性的考虑进行行为选择(转引自鲍威尔、迪马吉奥,2008)。组织社会学的新制度主义起源于涂尔干对于制度的分析,因此较为强调共享信仰、认知、意识等在制度建立中的作用,认为应该对制度进行一种认知和文化解释。迪马吉奥和鲍威尔(2008)认为:“制度不过是行动主体在互动过程中,成员内部之间共享的文化、惯习的类型化。”组织社会学的新制度主义是从组织的趋同现象着手,通过运用合法性机制来反对长期以来盛行在组织研究领域的效率主义和功能主义的解释逻辑。不同于权变理论(contingency theory)只注意到组织的技术环境,迈耶和罗恩认为组织不仅要适应技术环境而且受制于制度环境(institutional environment),是合法性机制而非效率机制导致了制度化组织的同质性现象(转引自鲍威尔、迪马吉奥,2008:45—67)。同样是对合法性机制的分析,迪马吉奥和鲍威尔从组织间关系和组织场域(organizational field)出发,从强迫性机制(coercive)、模仿性机制(mimetic)和社会期待(normative)三个方面分析了组织的趋同性现象:强迫性机制是指制度环境通过政府法令或法律制度强迫各个组织接受有关的制度和管制;模仿机制是指各个组织模仿同领域中成功组织的行为和做法;社会期待则主要指社会规范对组织或个人所扮演的角色或行为规范的约束作用(周雪光,2003:86—88)。虽然同样是对组织趋同性现象的分析,也都是从分析机制也类似,但是迈耶等人和迪马吉奥等人的分析重点并不相同。迈耶主要强调了组织外部的宏观制度环境的重要性,并且认为正是这种自上而下的制度化过程影响了组织和组织内部行动者的行为模式。但是迪马吉奥等人更多是强调组织内部和组织间的网络关系,正是这种相互依赖的运行机制影响了组织和个体的行为。周雪光认为,将组织放入场域中分析更具有现实意义的解释性,而且更趋向于中层的解释。因为这种分析层次更为具体也更容易理解,在操作性和分析性上都优于迈耶的制度神话(周雪光,2003:91)。

迪马吉奥和鲍威尔将组织场域定义为:"那些由组织建构的、在总体上获得认可的一种制度生活领域,这些组织包括关键的供应者、资源和产品消费者、规制机构以及提供类似服务或产品的其他组织"(转引自鲍威尔、迪马吉奥,2008:70)。这种整体层面的,或者说是超越个人的分析单位使得制度跳脱出经济学的追求私利的个人的累加,而从社会结构层面分析整体化规则体系对个体行动者的影响(高柏,2008)。而且,以"场域"为分析单位可以将研究对象框定在一个具体的受时空约束的事实内,从而避免了脱离实际的宏观理论分析。在这一点上来看,组织社会学的新制度主义在研究中有必要将具体的场域特点和演变历史纳入分析之中。因此,比较分析是其常用的研究方法。

新经济社会学的制度主义不仅承接了其分析单位和分析机制,更是在此基础上加入了对组织内部个体行动者的分析,并引入了"理性"和"利益"的分析概念。为了与经济学的新制度主义划清界限,组织社会学的新制度主义刻意避免使用经济学的相关概念。组织社会学强调理性是社会建构出来的,认知因素在其中发挥了重要作用。因此,在分析中,组织制度学派经常从"意义""文化""意识形态"等角度来考察制度过程和影响作用。而制度主义经济学中常用的"交易成本""路径依赖"等概念被组织制度主义学者们有意无意地忽略。倪志伟认为,这些经济学的理论核心概念对社会学者而言,也是极其重要的利益概念,可以为解释制度环境对经济行为的差异性影响提供可能。同时,倪志伟也强调在使用这些概念的时候,也要将其放入社会结构中,而不是单一的使用(转引自斯梅尔瑟、斯维德伯格,2014:79)。新制度主义经济社会学家认为,受利益驱动的组织内部的个体行动者的行为受到连续的社会关系、共享信仰、规范和制度等机制的影响。完全脱离于组织内部个体的分析并不利于对组织的行为动机、行为模式及行为过程的解释。组织并不是凌驾于个人至上的整体,而是个体的有机结合。因此,经济社会学的新制度主义将个体行动者纳入社会结构的分析中,扩展了组织社会学的分析范围。从这个角度而言,经济社会学的新制度主义在理论上扩展了韦伯的个体主义方法论以及比较制度分析的观点,同时也扩展了马克思的资本主义经济制度理论和波兰尼的社会嵌入概念及制度机制对市场的分析(转引自斯梅尔瑟、斯维德伯格,2014:79)。

如果说,组织社会学的研究更倾向于对非市场组织(如政府、学校等)的分析,那么经济社会学则重点对市场中的组织和行动者进行分析。在国家、政府的作用方面,经济社会学的新制度主义借助于组织分析中对组织趋同性的宏观因果机制的分析,将国家视为由一系列政策领域构成的场域。在这个场域中,各个利益主体为了各自的利益共同制定有利于市场稳定的规则和政策。国家在形塑市场的稳定性过程中,不仅要求企业运用现有规则处理市场中的竞争行为,而且可能会直接干预来谋求市场稳定(弗雷格斯坦,2008:1—21)。在经济社会学的新制度主义学家看来,国家不仅是一个行动主体,也是一个制度结构。国家既可以通过正式或非正式的组织来治理经济,也可以影响市场中的交换形式。国家可以通过控制信息和资源的生产配置来影响经济中的行动主体的行为模式(高柏,2008)。当然,国家也并非是无所不能的。在很多情况下,国家并不能完全取代市场,而是要利用非市场治理机制来补充、限制市场。因此,也为其他非政府的利益集团提供了制度性机会。在市场中,企业为了组织生产,必须从处理好各种各样的互动关系。企业不仅要处理与行会的关系,也要处理好企业之间的关系及企业内部的激励机制问题。如果说,经济学建构的依赖于市场机制治理的理想类型是通过正式契约和市场竞争来约束企业间的各种关系和企业行为,那么非市场治理机制则涉及不完全契约和依赖于社会关系的契约,以及以社会网络为基础的监督机制。因此,在非市场治理的理想类型中,企业更多的是依赖与合作关系而非竞争关系来获得市场竞争优势(高柏,2008)。

虽然经济社会学的新制度主义承接了组织社会学的新制度主义的比较研究方法和主要概念,但在具体的分析上仍有较大差别。组织社会学的新制度主义倾向于将核心概念操作化为具体变量指标,通过定量的实证研究方法来寻求组织间的差别(周雪光,2003:91—103)。如朱克尔(Zucker)关于制度化在文化延续中的作用的研究,就采用了情景实验的方法来说明制度化的程度对文化延续性的影响程度的差异性。朱克尔认为:"制度化是一个过程,也是一个恰当的变量制度化是一个过程,正是通过这个过程,个体行动者传播那些被社会地界定为真实的事物;同时,在这个过程的任一时点上,一种行为的意义,可以界定为或多或少被视为当然而接受的社会实在之一部分。(转引自迪马吉奥、鲍威尔,2008:91)"相较之下,经济社会学的新制度主义则主要采用个案研究的定性历史分析方法来理解制度与经济行为之间的关系(转引自斯梅尔瑟、斯维德伯格,2014:79)。如道宾的关于产业政策的比较研究(道宾,2008),高柏对日本经济发展的研究(高柏,2008)等,在此不再赘述。相较而言,历史比较主义的分析方法更利于凸显经济行为中的环境差异,而且可以将偶然性和确定性同时纳入解释的分析中。

弗雷格斯坦提出了"政治—文化"分析框架,用来解释市场中的现代社会制度(弗雷格斯坦,2008:13)。弗雷格斯坦将这一方法定义为市场社会学的一般性方法,即意味着这一方法对现有的经济现象或经济行动具有较大的解释范围和较强的解释性。虽然弗雷格斯坦试图建立一个市场社会学的统一框架,但遗憾的是"政治—文化"范式依旧是市场形式嵌入的延伸,且在文化维度有较大的局限性(符平,2013:54)。基于此,符平在修正弗雷格斯坦的形式嵌入后,将结构引入分析中,建立了"政治—结构"的分析框架(符平,2013:55—56)。"政治—结构"框架作为市场经济学的一般分析方法而言,的确是一个举足轻重的尝试,并且为我们提供了一个合理的思考路径。在这一分析框架的基础上,本文尝试加入利益维度,将利益带回社会学分析。在对经济现象的分析中,无论社会学将决定人类行为的社会性维度置于多么重要的位置上,都无法否认"利益"这一元素本身是社会学维度非常重要的组成部分。在新经济社会学中,利益分析由于被认为属于经济学范畴而较少被提及或应用,很多社会学家通常用传统社会学的理论和方法分析经济问题以明显区别于经济学研究。"利益"概念的包容性和强大解释力使我们不得不正视它的存在。在我们研究人们的逐利行为时,更多的是在探讨该行为背后的制度、文化等社会影响力,而较少正视利益本身。因此,将"利益"纳入分析中是必要的。在此基础上,我们提出构建"结构—利益"的分析框架。

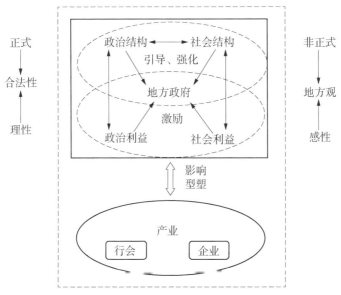

图 2.2 产业打造过程的结构——利益模型示意图

如上图所示,在地方经济场域中,地方政府嵌入于政治结构及社会结构中。政治结构和社会结构对地方政府行为有着引导和强化的作用,其中政治结构在正式范畴形塑地方政府的行为,社会结构在非正式范畴中影响地方政府的选择。在结构之外,仍需考虑政府行为的驱动因素。利益作为政府自主性的核心驱动力,不仅对政府行为有激励作用,而且对产业打造具有塑造效应。在严格遵循政治逻辑之外,地方政府受到利益的驱动而表现出韧性逻辑与创新逻辑。利益概念的社会性往往被忽视,或者被视为理所当然而不加以讨论。作为地方政府行动的重要驱动力,利益是地方政府的底层逻辑。在政治利益驱动下,地方政府有意通过寻求经济增长来完成绩效考核,并获取晋升途径。社会利益则主要表现在民众利益和地方整体价值提升。

地方政府在政治利益的驱动下,通常会将经济增长作为完成绩效考核和晋升途径的重要手段。这是因为经济增长不仅可以使地方政府更好地完成政治绩效,还可以为地方政府带来更多的资源和财政收入。因此,地方政府在追求经济增长的过程中,往往会采取一系列措施,如吸引外资、推动产业升级、扶持本地企业等,以实现经济的快速发展。

与政治利益相比,社会利益在地方政府的考量中似乎占据了相对较小的比重。尽管地方政府在经济增长方面取得了一定的成绩,但其似乎在满足民众的基本需求和改善民生方面仍存在一定的不足。此外,地方政府在追求经济增长的同时,也可能忽视了环境保护和资源可持续利用等社会利益,导致一些负面影响的产生。但是在实际情况中,社会利益也是地方政府追求的利益之一。虽然社会利益不如政治利益带来显而易见的“好处”,但是政府有意愿在提高整体民众生活环境和生活质量的基础上获得“好口碑”和“好形象”。这些口碑和形象都关乎地方政府的声誉和公信力。这些也是晋升考核的一种软指标。而且,在地方政府尤其是县级以下基层政府的人员构成中,当地人占到了绝大部分,这些生在本地长在本地并且仍在本地生活的公务员也有主动的"家园意识"。他们不仅将自己认作是公务人员,更是"当地人"。他们有意愿提升当地价值,打造更好的家乡。

在正式的政治结构中,地方政府在参与产业打造中往往会遵循理性选择逻辑,注重行动的"合法性"。这是因为政治利益对地方政府的影响是显而易见的,地方政府必须在政治利益的驱动下,通过合法的手段来推动经济增长。因此,地方政府在参与主导产业打造时,通常会遵循相关法律法规,注重行动的合法性,以避免受到不必要的干扰和制约。然而,在非正式的社会结构中,相对复杂的社会利益主要通过"地方观"的建构来影响政府行为。地方观不仅立足于当地的社会结构中,还根植于社会文化和社会利益中。社会结构和社会利益共同构成了地方观,这种地方观也影响了地方政府处理主导产业的逻辑。地方观会通过地方官员和地方文化的作用,对地方政府产生影响,从而影响地方政府的决策和行为。

地方观的建构是一个相对复杂的过程。首先,地方观是在地方政府和地方社会之间相互作用的结果。地方政府的决策和行为会受到地方社会的反馈和影响,而地方社会的需求和期望也会受到地方政府的引导和塑造。其次,地方观的建构还受到社会文化和社会利益的影响。不同地方的社会文化和社会利益会对地方观产生不同的影响,从而导致地方政府在处理主导产业时采取不同的逻辑和策略。

地方本身是由社会关系构建的(Tim Cresswell)。在对地方进行研究时,科瑞斯威尔更倾向于采用社会建构的观点,而不是仅仅从描述性或现象学的角度来解释地方。他认为,地方既有地域边界,又可以被跨越。它具有一定的社会规则和习俗,体现了我们对地方性的理解(Cresswell, 1996、2004)。地方观具有明显的多样性、包容性和建构性,不仅在时间维度上体现出来,也在空间维度上展现出来。地方和地方观都是社会实践和社会关系的产物,会随着时空变化而不断变化。地方观不是固定不变的,而是通过不同的时空维度下内生和外向的社会关系的互动来再生产。因此,从这一角度来讲,地方观具有一定的解释张力。

地方政府介入产业打造的过程也是治理创新的过程。从治理目标的角度来看,创新的出发点是实际层面的治理需求。这是因为,任何创新都是为了解决实际问题而进行的。在此背景下,创新的目标就是要满足这些实际需求,通过改变现有的治理方式,提高治理效率和效果。因此,实际层面的治理需求是创新的出发点,也是创新的目标。

地方政府的治理创新嵌入于地方社会事实中,并受到制度层面的制约。这是地方治理的基础,也是产业打造的社会环境与制度环境。地方政府的治理创新是通过引入新的理念、机制和方法,推动治理现代化和提升治理能力的过程。这种创新是地方政府治理体系和治理能力现代化的需要,是适应经济社会发展和人民群众需求变化的要求。以县域自有的经济民生为起点,治理才有章可循。然而,如何在嵌入的环境中索求创新之道依然是县域政府面临的现实问题。实践过程中的多主体的互动策略与互动逻辑都为创新提供了机会也同时限制了行动选择。因此,嵌入性逻辑是地方政府治理创新的起点,也是其实践逻辑的基色。

在单一制国家结构下,地方政府主要承担政策的具体落实任务。这并不意味着地方政府作为一个"提线木偶",所有行动都限制在行政框架内。相对于其他层级政府而言,地方政府在具体治理过程中有更多的可变性和复杂性。随着我国行政体制改革的深入,地方政府也获得了越来越多的自主权力。在具体实践过程中,尤其在产业政策制定与落实上地方政府表现出了较为充分的自主性和能动性。

在嵌入性与自主性之外,有效性维度也需要纳入分析中。在治理中,有效治理是地方政府在创新时的绩效目标。是否有效是地方政府采取创新举措的重要依据。尤其是在具体行为层面上,地方政府做选择的主要动力就是该选择预计带来的有效价值。因此,整体而言,地方政府在治理创新实践过程中主要依从"嵌入性""自主性""有效性"的实践逻辑。

微观层面上,本文拟通过将地方政府的治理创新分解为治理主体创新、治理路径创新及治理创新延续。其中,治理主体创新重点在于从实践层面理解县域政府引领多元主体共治。治理路径创新主要从激励创新、动员创新和制度创新来考察地方政府的治理行为背后的实践逻辑及创新机制。治理创新延续则主要关注一元主体目标与多重子目标集之间的互构机制。具体试图回答以下几个问题:产业打造的动力机制;地方政府对产业类型的选择机制;产业政策创新机制;政府组织内部激励机制和动员机制;政策转化创新机制以及地方政府在产业打造中的行动逻辑变迁问题及资源配置问题。

治理创新结果充满了不确定性。即使出发点和创新目标明确,但在具体的实践过程中存在各种难以落实情形或者未预计阻碍。过程的复杂性及主体的多元性都会带来结果的多重性。而且在产业打造中,地方政府往往通过制定多个治理创新目标来达到预期效果。多重目标汇聚为目标集,增大了结果的不确定性。依据结果与目标的匹配程度(如图 2.3 所示),本文拟将创新治理效能分为三个类别:实质有效、形式有效及无效。针对不同类别的治理效能,从政治利益和社会利益的维度进行分析,找出影响治理效能的重点变量和机制。

图 2.3　结果与目标匹配性示意图

在治理创新中,一个重要的方面是治理主体的创新。地方政府作为治理主体,需要发挥积极的引领作用,推动多元共治的实施。传统上,县域治理主要由政府部门负责,而现在,县域政府需要引领各方参与,形成共治的格局。这需要政府部门转变角色,从单一的管理者变为协调者和服务者,与社会组织、企业和居民共同合作,共同参与和推动治理工作。另一个重要方面是治理路径的创新。传统的治理方式主要通过行政命令和强制手段实施,而现在,治理需要采取多重激励和正向动员的方式。这包括通过激励机制,鼓励各方参与治理工作,通过正向动员,激发各方的积极性和创造力。同时,还需要加强信息化建设,提高信息共享和公开透明度,增加社会监督和参与的有效性。

创新延续机制也是县域治理创新的重要内容。治理创新不能只是一时的行动,而应该建立起长效的机制。这包括在一元目标下设定多重目标集,通过目标管理和绩效评估,推动各方共同努力,实现治理现代化和提升治理能力的目标。同时,还需要建立起相应的机制和制度,保障创新的延续性和可持续性。创新效能评估是地方政府治理创新的重要手段。通过对创新成果的评估,可以及时了解创新的效果和问题,为进一步完善和推广创新提供依据。这需要建立起科学的评估体系,包括定量和定性的指标,通过数据分析和实地调研,全面了解创新的效果和影响。评估的标准是目标是否达成,包括内部治理和社会治理。对于内部治理,我们需要评估治理创新是否改善了组织的运行效率,是否提高了组织的决策质量,是否增强了组织的创新能力等。对于社会治理,我们需要评估创新是否改善了社会的公平性,是否提高了社会的稳定性,是否增强了社会的适应能力等。

治理创新是复杂的,受到多种因素的影响。治理创新的目标可能因为环境的变化而变化,这可能导致结果与原始目标不一致。也可能受到资源的限制,导致创新的结果不尽如人意。还可能受到人的因素的影响,这可能导致创新的结果出现预期之外的情况。因此,我们需要对治理创新的过程进行深入理解,才能有效地驾驭创新,实现创新的目标。

第三章　产业选择及政策创新逻辑

在市场经济发展过程中,政府是重要的影响因素,很多地方政府试图借由产业打造来实现本地区的经济发展。对于地方政府而言,产业打造主要体现在产业政策的制定和实践上。其中,产业政策的制定既是产业打造的起始环节,又承担着产业打造的方向性任务,是极其重要的部分。在以往的研究中,往往将产业打造视为静态的现象,而非动态的行动。而且,有意无意地忽视了产业打造的起点。本章主要在介绍豫北县产业基本状况的基础上,通过对豫北县产业发展的历史分析和豫北县政府产业政策决策过程的关注来探寻地方政府产业打造的逻辑起点和逻辑变迁过程,主要从豫北县政府选择主导产业的原因及影响其行动逻辑变迁的原因和机制进行说明。研究发现,豫北县的产业政策的制定逻辑呈现出由"保守克制"转为"开放发展"的变化趋势,并且在后期主导产业制定中坚持了"发展为先"的行动逻辑,试图通过"追求工业化"和"可持续发展"来选择"合适的"主导产业。

一、豫北县产业的基本状况

豫北县综合经济实力(如图 3.1 所示)在河南省一直处于中下游位置,人均 GDP 低于本省水平(如图 3.2 所示)。以 1990、2000、2015 年为例,在这 25 年中,豫北县在河南省 115 市县综合经济实力排序

中位置稳定,基本处于 60 名左右[①]。豫北县财政收入较少,依赖中央
财政转移支付及财政补贴(如图 3.3 所示)。豫北县产业结构层次
低,2004 年之前第一产业在三大产业比重中最高,第二产业和第三
产业比重较少。一直到 2004 年,豫北县产业结构首次实现从"一、
二、三"向"二、一、三"转变(如表 3.1 所示)。2006 年之后第一产业比
重逐年减少,第二产业比重上升[②]。

　　豫北县是内陆地区,没有可供运输的水资源,只有两条供农业灌
溉的河流。豫北县 70 年代从邻市引入过存在过时间很短的窄轨铁
路,主要运送煤炭、木材等物资。因为运输耗费时间较长,成本较高,
这一运输方式在 80 年代即退出了豫北县。自此,豫北县只保有公路
交通运输一种方式。豫北县的交通运输方式的单一性,是影响其产
业经济发展的重要因素之一。从企业而言,运输的便利一方面可以

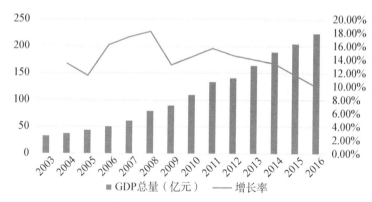

图 3.1　豫北县 2003—2016 年国内生产总值及增长率

---

① 1990 年,豫北县在河南省 110 市县综合经济实力排序中占 62 位;2000 年,豫北县 GDP
　在河南省 110 县区排名 61 位;2015 年豫北县 GDP 在河南省 115 县区排名 59 位。(数
　据来源　县志)
② 本文基于文章主题的考虑主要选取了 2003 年到 2016 年数据。豫北县主导产业打造始
　于 2008 年,且 2004 年属于产业结构转型关键时间点,因此将 2003 年至 2016 年纳入考
　察范围,以期通过数据对比获取产业打造过程中的关键信息。

图 3.2　2003—2016 年豫北县人均 GDP 与河南省人均 GDP

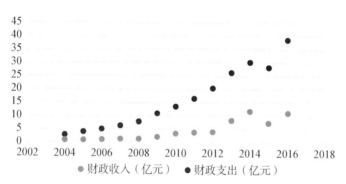

图 3.3　豫北县 2003—2016 年财政收支

表 3.1　豫北县 2003—2016 年产业结构比例示意表

豫北县产业结构比例			
年份	第一产业占比（%）	第二产业占比（%）	第三产业占比（%）
2003	39	38.2	22.9
2004	38.5	40.9	20.6
2005	38.6	42.8	18.6
2006	34.5	47	18.5

续　表

豫北县产业结构比例			
年份	第一产业占比（%）	第二产业占比（%）	第三产业占比（%）
2007	31.1	50.4	18.5
2008	30.1	53.1	16.8
2009	27.5	55.4	17.1
2010	25.8	54.3	19.9
2011	25.3	57.4	17.3
2012	25.7	55.8	18.5
2013	23.3	58.8	17.9
2014	21.5	61.2	17.3
2015	19.6	56.6	23.8
2016	18.5	57.2	24.3

增加销售半径,利于市场扩张,另一方面多样化的运输方式可以降低运输成本,增加利润。虽然运输方式限制了豫北县的运力,但豫北县公路交通发展迅速,依托国道、省道及高速公路网,建成了多条与外界相连的运输通道。例如,豫北县境内有 1 条国家级和 2 条省级高速公路通过,南北向、东西向运输都较为便捷,在一定程度上弥补了豫北县的交通运输方式单一的缺陷。在区位方面,豫北县位于省域交界处,距离郑州、济南等城市大约 200 公里,距离石家庄、太原、天津、北京等城市大约 500 公里。这一区位优势,也是其之后承接产业转移的有利条件之一。

　　家具制造和食品加工是豫北县现有的两大主导产业,这两大产业主要以豫北县产业集聚区(简称豫北县产业区)为载体,相关企业集中于产业区内生产运营。豫北县产业区位于县城东南部,总体规

划面积 20.9 平方公里,产业区由家具制造产业园(简称家具产业园)
和食品加工产业园(简称食品产业园)组成。目前产业区入驻企业
210 家,其中,家居产业园区入驻企业 156 家,投产企业 92 家,在建企
业 64 家;食品产业园入驻企业 35 家,投产企业 29 家,在建企业 6
家。产业区固定资产投资 190 亿元,规模以上企业主营业务收入 298
亿元,区内从业人员 3.7 万人。自 2008 年规划建设产业集聚区以
来,豫北县国内生产总值(图 3.1 所示)、财政收入(图 3.3 所示)及人
均居民收入(图 3.4 所示)都得到了大幅度提升。产业集聚区是豫北
县进行产业结构优化调整的重要部分,也是豫北县工业的集中体现。
以 2015 年为例,2015 年豫北县规模以上工业增加值为 113.7 亿元,
是 2010 年的 2.4 倍,产业区主营业务收入是 2010 年的 3.5 倍。豫
北县产业区被评为"河南省最具竞争力产业集群金星奖"。家具产业
园荣获 2013 中国家具行业年度杰出贡献奖。中国中部家具产业基
地、河南省三大家居产业基地。

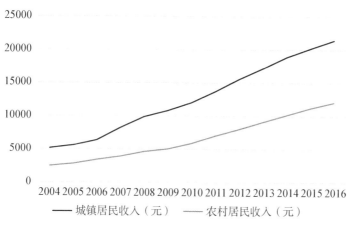

图 3.4 豫北县 2004—2016 年城镇与农村居民收入(元)

　　家具产业作为豫北县的主导产业之一,但是直到 2008 年,家具
产业才受到格外重视。豫北县有一定的家具制造基础,在清朝年间,

具有手工工艺的匠人们为周边村邻打制一些家用器具,形成了一定的口碑影响。随着木工工匠的增多,在几个工匠集中的村落,开设了一些木器加工作坊。后期引入加工机械替代了部分人工后,一些作坊升级为小型家具加工企业,并开始在周边县市销售。大约十几家小型家具加工企业自发集中在国道两旁以"前店后厂"模式开设店面,并在此逐渐形成了本地的家具产销市场。虽然这些小企业形成了一定集中效应,但规模很小且互为竞争关系,故只能称为小型家具集中市场。从这点而言,其对国民经济及财政收入的影响力较小。以 2007 年为例,豫北县家具企业只有 108 家,且多为作坊式小家具企业,年产值 1.9 亿元。2008 年豫北县政府确定家具产业为本县的主导产业之后,积极调动各方资源进行培育。豫北县政府之后引入南方家居、全友家私、双虎家居、好风景家居等一批全国知名家居企业入驻家具园,与本土家具企业共同形成了一定的集聚规模。至 2015 年底,全县家居及配套企业共计 350 余家,其中家具制造企业 230 家(县产业集聚区 80 家,规模以上 20 家),年产家具 170 余万件(套),主营业务收入 148 亿元,带动就业 2.3 万人。2016 年豫北县承接了京津冀家具产业转移项目,半年内落地 64 家家具企业,产业规模进一步扩大。目前,豫北县家具园内集中有家具生产企业、家具配套企业及物流中转中心,产业链基本形成。豫北家具产业集群被确定为全国 50 个接续替代产业集群之一,并被列入河南省"十二五"发展规划,重点培育扶持。

本文将重点关注家具产业打造过程,以此为例探讨地方政府在参与市场经济活动中的行动逻辑。

二、产业打造的起点:追求工业化的逻辑

产业打造建立在地区发展条件之上,而地区发展条件不仅包括自然条件也包括历史条件。而且,很大程度上历史条件比自然条件对产业政策制定更具影响力。因此,本节主要从历史的视角去探寻

产业打造的起点。产业政策制定过程中,决策选择和风险控制是地方政府纳入考虑范畴的重要内容。本节试图从选择的发生机制和风险的控制机制着手来分析地方政府打造产业的历史基础。

经济是国家发展和政权稳定的载体。在中共十三大上,中共中央明确提出"要以经济建设为中心"。从中央政府到地方政府,首要任务就是要保障经济的持续稳定发展。谋求经济发展是地方政府重要任务之一。从计划经济到市场经济,在转型过程中地方政府要参与衔接过程,以保证资源有效配置。从现实层面来看,豫北县在很长一段时间内都属于经济发展滞后、工业落后、GDP 与财政收入都较低的县域。面对这种状态,无论是政府还是民众,都有着共同的愿景——致富。以第一产业作为产业结构主体已经不能满足经济发展的需求,必须加快工业建设和投入,使豫北县尽早摆脱落后的状态。无论是外生制度因素还是内在需求,豫北县政府都有强烈的意愿参与经济发展过程。

当然,意愿并不代表结果。经济发展不是一蹴而就的,而是一个漫长的探索过程。对于资源条件较差,发展等级较低的地区而言,经济发展不仅意味着国内生产总值和人均可支配收入的提高,也意味着产业结构优化以及产业转型升级。地方政府在谋划经济发展的不同阶段采取的策略不同。那么是怎样的机制使他们做出不同的选择? 以下,我们通过考察豫北县政府谋求产业发展的过程来尝试探讨选择的发生机制。

与众多农业县困境相似,豫北县一直试图寻求非传统种植业的经济发展之路。80 年代末期,中央政府提出要改变现有经济模式,从以计划经济为主转型为以市场经济为主。之前完全服从中央调配的经济体制解体后,豫北县政府采取了与很多地区相似的发展道路——尝试投资兴办工业企业,但无奈失败的多,成功的少。

豫北县在计划经济时期兴办了 14 家国有企业,其中 7 家为大型企业,1986 年总产值 9002 万元,总税利 428 万元。90 年代中期,豫北县政府依照中央指示,对这些国有企业进行改制。在这些国有企业的基础上,自 1990 年开始,豫北县加大对工业的投入。豫北县政府先后投资 1.3 亿元,新建了特钢厂、橡胶厂、兴达食品厂、商业局时装厂等企业,工业企业达到 22 家,总产值 6002 万元,以 1995 年为例,该年内政府投资兴办的独立核算企业 20 家,总产值 5386 万元,利税 938 万元(1986—2000 年县志)。

豫北县政府在扶持国有企业的同时大力兴办乡镇企业。一时间,各乡镇涌现了一批村办和乡办集体企业,以及少量的村民小组办集体企业。这些企业多数继承了人民公社时期的成果,主要从事食品加工、手工编织、化工等项目,产品大多为可以就地销售的品类。这些企业具有一个比较重要的特点——可以动员当地农民在农闲时参与,既可以降低成本又可以提高就业。1995 年是豫北县乡镇企业发展鼎盛时期,企业发展到 819 家,城中镇企业年产值突破 3 亿元。此后,开始实行个人承包经营、租赁经营等多种形式的承包经营责任制,改变了以往"吃大锅饭"的状态。

随着市场经济的发展,改制后的国有企业在经历了几年的"辉煌"时期后逐步没落,到 2000 年,顺利存活下来的国有企业仅有 3 家,其中以纺织为主的企业自 1997 年以来产量大幅度减少,濒临倒闭。私人承包后的乡镇企业很多因为经营不善而消失,留存下来的因为主要面对当地市场,产品销售量有限,企业规模都比较小。可以说,豫北县政府投资设厂的"创业"之路失败了。

90 年代中期以后,地方政府的活动重点已经不在直接建立、经营或控制企业,而在一种配合性地招引民营和外来资本(黄宗智,2010)。关于转变的原因,周鲁耀认为,中央政府从 1994 年起开始确立分税制改革后,中央和地方对企业税收的划分不再考虑企业隶属关系,中央享有了地方企业主体税种增值税的 75% 且并不分担企业经营和破产的风险,因此地方政府不再热衷直接兴办企业而是转为招揽民营和外部投资(周鲁耀,2015)。尤其是 2000 年前后,豫北县政府在面对失败的工业状况后,逐渐意识到单个企业的带动能力和市场竞争力较弱,开始重视产业集聚的规模效应和产业链的高效整合作用。豫北县将目光转向了农产品加工业和特色农业。

依托丰富的原料资源,豫北县境内开设有较多的私营面粉厂,这些面粉厂有的是承接的原有的集体企业,有的是私人经营的个体企业。在政府的规划鼓励下,这一时期的面粉厂不仅规模快速扩大,而且开始形成集聚发展趋势,主要集中在豫北县下属的几个乡镇。后期虽然形成了几家大中型面粉加工厂,但总体而言,豫北县的面粉加工规模化程度较低。2008 年,72 家面粉加工企业中限额以上的企业仅有 12 家,且企业规模小,大多企业的年生产能力在 5 万吨以下。受资金、技术、设备、人才等因素的制约,这些企业很难生产高质量的产品,从而形成资源利用率低,耗能高,效益差,产品在市场中竞争力较弱的局面。另一方面,大部分面粉加工企业仍然停留在"小麦磨成粉"的面粉生产阶段,面制品的深加工不足。为数不多的面制品加工企业也仅仅从事以挂面为主的浅加工,面粉深加工几乎还没有起步。另外,这些企业属于单个独立发展,只专心于面粉的加工,对产业链上游原料的来源并不关心,与农户只存在买卖交易的关系。由此而言,以面粉加工为主的产业链并没有完全建立。

与此同时豫北县政府还大力培育特色农业产业发展,食用菌和辣椒的种植及加工就是在这一时期出现。豫北县政府认为传统农作物发展潜力有限,而特色经济作物的种植加工可以带动上下游形成产业链,既能带领农民致富,也有助于发展县域经济。在规划特色农业发展之时,豫北县政府就有意将整个产业链条引入进来。从种植到深加工到贸易到运输,豫北县一开始就筹备建立产业发展所需的所有要素,期望利用土地资源优势带动农业产业发展。高期待值下,豫北县政府对特色农业产业投入力度较大。不仅对其进行财政补贴,而且直接将其作为行政任务纳入考核项中,运用行政手段激励下属乡镇大力发展特色农业,将几个乡镇规划成辣椒种植基地。在豫北县政府的大力推动下,特色农业短时间内即形成规模。随着规模扩大,农业合作社、中间商、加工企业等加入特色农产业市场结构中,产业链条基本构成。特色农业产业的兴起改变了之前单一的传统种养模式,一定程度上提高了经济水平。但是豫北县特色农业产业依旧以前端原料生产为主,原料种植面积大,而加工企业能力弱。无论是本地加工企业还是引入的外来加工企业生产形式大多以初级加工为主,且加工量有限,没有能力全部消化本地原料。大部分农产品仍然作为原料的形式销往全国其他地区。虽然特色农业产业链条形成,但仍属于产业发展的初级阶段,有待继续发展。

在这一时期,豫北县也积极找寻外来资本投资设厂。由于各种因素的限制,除了几家小型纺织工厂及食品加工企业落户之外,豫北县没有获得更多的有效投资。

从改革开放以来,豫北县对产业发展一直孜孜以求,但并没有达到目标。原因是多方面的,且不同阶段有不同的特征。概言之,可分为外生因素和内生因素。首先,就国家层面而言,政策具有指向性。改革开放政策虽然面向全国范围,但从一开始国家就倾向优先发展具有资源优势和市场经济基础的地区——东部沿海地区。中央政策的利好不仅包括政策机会,更体现在中央财政的倾斜。一般具有政策优势的地区往往也是财政转移支付的获利区,受到中央政府较多拨款补贴。在多重优势叠加下,东部地区发展较快。而且中部地区和西部地区相对封闭,对外获取知识信息较少,反映在地方政府行动上,即相对保守且畏手畏脚。在既无资本,政策优惠又较少的情况下,中西部地区获得的外部投资机会显然远低于东部地区。豫北县位于中部地区,而且远离省会等重要城市,无论是政治影响力还是经济影响力均不在辐射范围内,因此获得政治资源和经济资源倾斜的可能性极小。相对而言,豫北县获得的来自国家层面的政策优势较少。

从豫北县的产业探索过程来看,不同时期的探索方式均在一定程度上反映了国家县域经济改革的模式。豫北县政府的探索即为国家县域改革的缩影,也是对"典型示范模式"的复制。为什么地方政府的发展模式具有一致性特征?行政体制改革以来,虽然中央政府将权力下放,但在初始阶段,改革力度较低。地方政府获得的自主权较少,仍然定位于中央政府在地方的"代理人"位置。地方政府更多地承担了执行中央和上级政策的任务,而较少进行主动变革。因此,在这种"委托—代理"结构中,地方政府更倾向保守治理,以完成上级指令为主。由计划经济转向市场经济过程中,国家亦无经验可循,只能"摸着石头过河"。在这种情况下,中央政府较为重视"示范效应"。一旦有地区探索成功,即变为"示范区",以供其他尚未发展成功的地区仿效。而且中央政府默许地方政府"试错",即使经济探索失败,也并没有对地方政府造成太多利益损失。因此,地方政府在没有经验的情况下,选择尝试依循其他地区"发展经验"来发展本地经济。

从内生因素而言,从行政角色转向经济角色的过程中,豫北县政府在早期对经济发展认知积累较少,用行政思维执行经济发展战略。在失败后,又倾向于借鉴成功的发展模式,从而形成路径依赖。在早期探索过程中,豫北县政府几乎没有自主发展观念,发展模式均依赖于上级的政策性指令。并且,借鉴外地经验基本上是全盘照搬,没有竞争优势。另一方面,地方政府与社会疏离。豫北县政府对本地情况认知不足,有些"空降"项目并不适合本地发展。因为对民众的失信,豫北县政府公信力较低,资源动员能力较弱。

> 我们本地没有种植辣椒的传统,然后强行以辣椒为背景发展的上下游产业,到最后产业没发展起来,最后仅仅是卖辣椒,卖原料,并没有什么特殊的竞争力。再加上(政府)与农民的关系并不太融洽。(政府)之前许诺农民或者说是带领农民种植什么东西,一般都没有什么好下场。比如之前带领农民经营蔬菜大棚,养鸡,这些到最后都逐渐凋零,不可持续,并没有什么好的

结果。因为这些事并不是一个一定可以发展的事情,也不是一个一定能做出规模的东西。至于这个原因,你就感觉这些东西没有特色,咱这养肉鸡,但是周围很多县也都在干这个事情。而且,都是(政府)强行拉着农民一起干,然后给农民许各种诺。这些农民并不擅于干这个,包括辣椒也是,做这个并没有什么优势,也并不专业,仅仅是在带领灌输下才干的这个事情。(政府)认为这个能发展,但还是基本都黄了。(访谈记录 20170821 LYK)

之前的探索皆没有使豫北县走上"工业兴县"的道路,而是继续了原始产业结构,工业发展依旧滞后萎靡。即便如此,以上过程在一定程度上促进了豫北县的经济发展,并形成了产业萌芽,为豫北县后续发展奠定了基础,并且积累了经验。

豫北县政府在谋求农业产业化的同时,并没有放弃发展工业。2006 年豫北县政府意识到工业园对经济发展的强大作用,决意开发工业园区进行招商引资来带动工业发展。兴建工业园的目的较为明确,即以工业园为载体,为工业企业创造一个适宜发展的外部环境,既包括地理环境也包括诸如土地、税收、政策等制度环境。正如前文所说,豫北县大型工业企业较少,多为分散的小企业和简陋作坊。因此,在规划工业园区之时,豫北县政府已经确立了明确目标——招引可以带动整个产业发展且有潜力成为龙头企业的大企业。豫北县政府试图将新建设的企业集中在工业园区内,并没有对企业性质和门类有方向性的要求。豫北县政府更多的是为市场经济创造外部环境,将自身定位于"局外人"来等待市场自行发展。

虽然豫北县政府打造工业园的目标明确,意愿强烈,但当时国家中止了工业园申报,豫北县政府错过了国家政策的窗口期。豫北县招商局长提到:

当时国家紧急喊停,叫了急刹车,因为到处都在搞工业园,到处都在跑马圈地,圈了以后发展不起来,良田都荒废了。所以再搞工业园就不再批了。(访谈记录 20170610 LJZ)

如果继续建设工业园将背离国家政策,豫北县政府也会因此承担较大的政治风险。但豫北县政府并没有停止工业园打造计划,与中央政府逆向而行。豫北县产业集聚区主任回忆称:

当时,全国都叫工业园区。所以咱们这也搞了一个,但是一直没啥起色。就是说,受当时这个包括国家的政策和领导人的限制,比如政策方面,不敢突破当时国家关于土地的那个红线,所以说,没有这个平台。工业园区这个平台实际上是自己搞的,领导还要冒一些政治风险去搞这些东西,当时没有一个成熟的东西。(访谈记录 20161102 LEL)

国家政策不利好的情况下,豫北县政府依旧冒险开办工业园。从这一点而言,豫北县政府已经开始释放发挥自主能力的信号。如果之前豫北县政府是亲国家远社会,更多定位于行政治理上,那么工业园的规划意味着豫北县政府在经济领域由"完全代理人"转向"自主发展",试图利用自主权力来隐藏信息获得发展机会。关于地方政府积极主动参与经济建设的模式研究中,有学者指出地方政府"公司化"(Oi, 1992;魏昂德,1995),政府官员试图通过"政治企业家"的角色参与市场经济中(周鲁耀,2015)。这些分析大都建立在成功的案例上,认为地方政府不仅有动力而且有能力进行经济性行为,并且地方政府有能力协调动员社会资源。但是豫北县之前经济发展的探索过程则属于一个不成功的类型。当然,本文并不是要通过这个个案来推翻之前的解释,而是试图指出以往关于地方政府积极参与经济建设的解释张力不足,只能部分解释有意愿并有能力参与市场的地方政府行为,对那些有意愿没有能力参与市场的地方政府行为解释力较弱。虽然这些研究中也认识到了地方政府自主能力的重要性,并指出地方政府能力来源于中央政府。但这些外在要素并不能全部包括地方政府的内在能力。有学者认为地方政府的内在能力不稳定,并且具有偶然性(周鲁耀,2015)。但作为一个正式组织,组织内部的稳定性是可以分析的。就豫北县政府而言,在之前的产业探索时期,很长时间豫北县政府都主动"放弃"了自主权,采取保守策略,坚持在既有基础之上少量变革。这不仅仅是单个官员的策略,更是整个组织意志的体现。

后期显现的自主意识和自主能力也并不是豫北县政府的偶然觉醒,而是市场经济发展和行政管理体制改革深入的产物。随着市场经济的发展,国家宏观调控将目标从搞活经济转向平衡发展,努力消除地区间的经济差异。国家通过利用"西部大开发""中部崛起"等政策,以及转移支付等方式来促进中西部地区发展。市场经济发展不仅促进经济水平的提高,也带来了更加开放的思想意识。这种思想意识内化于组织中,从而带来了行动上的改变。而且,行政体制改革的进一步深化,使更多的权力从中央下放至地方。地方政府直接获得的自主权力更多,地方政府的自主能力也随之增大。

豫北县的工业园区从规划到建设推进缓慢,从2006年有意兴建工业园到2008年规划出台,工业园区规划有20平方公里,2008年计划开发5平方公里(县人民政府文件,2008)。虽然豫北县政府打破了国家停止工业园区开发的禁令,但仍然在规划和执行方面表现较为谨慎。

2008年郭庚茂由河北调派至河南履新,担任代省长,2009年正式挂职省长。是年,鉴于河南省工业落后的状况,郭庚茂在对全省调研之后,认为可以在工业园的基础上推行产业集聚区建设。2008年,河南省政府将312个工业园区和开发区整合成了175个产业集聚区①。2009 年的省政府工作报告中明确提出"大力发展产业集聚区。把产业集聚区作为优化经济结构、转变发展方式、实现集约化发展的基础工程来抓,以产业聚集程度决定城镇发展规模,促进城镇化与工业化协调发展。按照整合资源、提升功能、强化特色、增强竞争力的要求,加快产业集聚区基础设施和结构调整项目建设,提升对城市产业、人口、环境的承载功能,推动企业向园区集中、园区向城镇集中、劳动力向城镇转移,促进经济发展与资源环境良性循环,实现产业与城市发展相互推动,逐步形成集聚促进就业、就业创造消费、消费拉动经济增长的良性发展机制。依托产业集聚区建设,完善县域公共基础设施,优化产业布局,确立并培育主导产业,促进县域产业集约集群发展,提升县域经济发展质量和水平"(河南省 2009 年政府工作报告)。之后,河南省政府分别出台了《河南省人民政府印发关于加快产业集聚区科学发展若干政策(试行)的通知》《河南省人民政府关于进一步促进产业集聚区发展的指导意见》《河南省人民政府关于进一步促进全省产业集聚区持续健康发展财政扶持政策的通知》等文件(见表 3.2)。从 2009 年开始,全省 180 个产业集聚区建设项目开始启动。豫北县在原有工业园区基础上规划了豫北县产业集聚区。在提到工业园区转为产业集聚区时,豫北县招商局长认为:

> 郭庚茂从河北调到河南当省长以后,国家(对工业园)刹车了。但是你不搞工业咋发展,指望农业发展是很有限的。他就提出来一个产城融合,就是主城区的产业跟主城区要连接,第二个是要有主导产业,要做产业,产业集群,而不是工业集群。所谓产业集聚,就是你选一到两个产业,上下游来。这样降低成

① 2008 年河南省批准建立 175 个产业集聚区,后续又增加了 5 个,全省共 180 个产业集聚区。豫北县产业集聚区属于 2008 年批准的第一批。

本,也便于管理。这就是咱们现在的产业集聚区这样一个思路。然后国家一听,也是个发展方向,所以给批了。每个县给你批一个产业聚集区。(访谈记录 20170610 LJZ)

国家之所以停止对工业园区的审批是因为无效的土地圈占浪费了国家土地资源,同时无目的性且利用率较低的工业园区也是对财力物力的浪费。河南省对于产业发展的迫切需求与国家整体策略背离,面临着极大的"合法性"风险。危机的化解在于河南省政府将产业发展与城市发展相结合,从而与国家的目标达成一致。豫北县看似"搭便车"的偶然幸运,其实在于豫北县政府与河南省政府有着共同的组织目标。豫北县政府和省政府有着相似的发展策略,一方面在于豫北县与河南省整体发展节奏一致,另一方面在于豫北县政府开始"科学"地进行规划。

豫北县工业园区升级为产业集聚区,地方政府与上级政府目标一致。豫北县的产业集聚发展解决了外部合法性危机,并且以制度化的形式稳了下来。

表3.2 河南省政府对产业集聚区发展的政策支持文件(部分)

时间	河南省产业集聚区发展的政策支持文件
2009	《中共河南省委河南省人民政府关于推进产业集聚区科学规划科学发展的指导意见》
2009	《关于加快产业集聚区科学发展若干政策(试行)》
2010.3	《河南省关于进一步促进产业集聚区发展的指导意见》
2010.3.24	《关于完善财政激励政策促进产业集聚区加快发展的通知》
2010.12	《河南省专业示范产业集聚区创建办法》
2011.2	《关于调整完善河南省产业集聚区发展考核指标体系的通知》
2011.2	《2011年河南省加快产业集聚区建设专项工作方案》

时间	河南省产业集聚区发展的政策支持文件
2011.3	《河南创建节约集约利用土地示范产业集聚区实施意见》
2011.4	《河南省创建环境友好型示范产业集聚区实施意见(试行)》
2011.9	《河南创建知名品牌创建示范产业集聚区实施意见(试行)》
2012.3	《关于促进全省产业集聚区持续健康快速发展的若干意见》
2014	《河南省人民政府关于进一步促进全省产业集聚区持续健康发展财政扶持政策的通知》

三、产业政策的制定:发展优先与风险控制的逻辑

产业集聚区相较于工业园而言,其优势不仅在于方便与城市规划结合,更在于关联性。工业园只是将企业集中,并不在意企业之间是否存在关联性。产业集聚区则通过同质性企业在空间上的集聚而互相关联,从而强化协作,实现资源节约配置,降低生产成本。产业集聚区是产业发展的重要载体,也是产业依托的外部平台。由政府主导建设的产业集聚区不仅是政府参与市场经济的主要场域,更是产业政策的集中体现。产业集聚区不仅具有经济属性,也具有政治属性。打造产业集聚区是河南省政府经济发展战略的重要组成部分,其重要内涵是以若干特色主导产业为支撑,通过企业集聚进行集约化生产,最终达到优化产业结构,充分吸纳就业,产业和城市融合发展的目的。产业集聚区既是产业集中区,也是现代化城市功能区和科学发展示范区。为了明确发展方向,2009 年河南省政府规定每个产业集聚区上报 1 至 2 个主导产业引领产业发展。这种带有强制意味的规定的发布一方面是为了引导各县区政府重视产业发展,明确产业目标,另一方面是为了便于监管。由此而言,产业打造被赋予

了多重意涵,不仅是发展战略也是政治政策,既是行政任务也是经济手段。

被写入河南省政府文件的产业集聚区是河南省重点关注的焦点,尤其对新一届政府班子而言,产业集聚区几乎可以称为"头等大事"。产业集聚区成为河南省转型"工业强省"的新希望。省政府下大力气培育产业集聚区,并将其纳入地方政府的考核项中。面对上级政府的硬性要求,地方政府一般会依据指令完成任务。但涉及具体实施环节,仍然存有选择的余地。选择意味着有多条路径完成任务,可以"应付"也可以"积极完成"。毕竟省级政府一般只给予方向性的设计,并不会安排具体的工作内容。在如何做上,地方政府拥有较大的自主选择权。从行为的发生机制而言,由于上下级政府信息不对称,下级政府有动力选择有利于自身利益的行动模式。当内生性目标与外生性目标一致时,地方政府有较高的积极性去执行指令。当内生性目标与外生性目标不一致时,地方政府可能会有选择地执行指令(狄金华,2015)。即使内外目标一致,地方政府在执行过程中也会有"简单模式"和"困难模式"需要选择。在这种情况下,促成地方政府选择高标准执行任务的机制是什么? 我们将以豫北县产业目标选择为例进行说明。

从计划经济时代开始,豫北县一直承担了粮食供给的任务。豫北县曾被评为"全国500家产粮大县之一""油料生产百强县""全国夏粮生产先进县""全国优质小麦生产示范县""黄淮优质专用玉米优势区"和"全国瘦肉型猪生产基地县"。虽然占据有利的自然条件并拥有较大的生产规模,但豫北县的农业产业只停留在产业链最前端的原料提供环节,加工环节较弱。而且豫北县的农产品以粮食作物为主,与周边地区品类同质性强,不具有特色优势。因此,以第一产业为重的豫北县,经济只达到自给自足的水平,是一个温饱型农业县。在农产品加工等方面,豫北县鲜有体量较大的加工企业,大多是分布在乡镇一级的初级加工企业,如面粉厂,且多为小型企业或民营作坊。这些农产品加工企业大多为本县域商业服务，因此，从产品等级到规模都属于低端水平。

豫北县政府意识到传统农业竞争优势较弱，转而重点发展特色农业种植。通过农业产业化与经济结构调整，豫北县政府提出重点发展"三色"农业（红色尖椒、白色食用菌、绿色林果），并形成了"东椒、中菌、西林"的特色农业空间格局。豫北县曾获得"中国辣椒百强县""中国辣椒第一县""全国食用菌优秀基地县""全省速生丰产林基地示范县"和"全国平原绿化标准先进县"等称号。虽然豫北县提高了农业初级产品的竞争力，拥有相对有特色优势的商品作物，但仍属于基础种植，利润和效益较低。豫北县在此基础上引入了几家特色农产品加工企业，并取得了一定成果。但这些加工企业多以资源粗加工型或劳动密集型产品为主，农产品深加工增值能力弱，始终处于价值链低端。而且这些产业多以低端产品为主，没有中高端产品，也没有形成品牌优势，无论从规模还是影响力而言都较弱。由于产品同质性强，企业之间竞争激烈。以食用菌生产加工企业为例，豫北县已有多家同类型企业，其生产的常规品种比重大，珍稀类食用菌较少，企业的品牌效应和抗风险能力较弱。

由于缺少资源优势，豫北县难以发展重工业，工业产业以传统轻工业为主。计划经济时期留存的十几家大型国有企业多年来一直是支撑豫北县税收的主力。但是这些企业在 90 年代国有企业改制后在市场上受到不同程度的冲击，有的直接宣布破产，有的勉力维持了几年之后转卖给私人企业。民营加工制造企业大多散布在各乡镇，企业空间集聚水平低。即使是家具制造和建筑陶瓷等传统优势产业的集聚程度也不高。总体而言，企业仍处于自发式无序发展阶段，自成体系组织生产，专业化分工协作少。如家具制造业相对集聚的柳乡，2007 年企业数量、就业人数占全县该行业的比重仅分别为18.1％、21.3％，尚不符合河南省重点产业集群评选条件。多数企业仅关注加工环节，贴牌经营意识弱，更没有自主品牌商标和产品，传统优势产业的龙头产品和驰名品牌也很少。豫北县家具产品以低端木质家具为主,面向本市及周边区县三级以下市场(即县城和农村),一般成套生产,市场销售价格在 3000～6000 元之间,尚未形成区域品牌,企业同质竞争激烈。

从产品服务范围而言,豫北县的大多数企业产品市场范围局限于 400 公里半径内的农村地区,对外经济联系少,出口创汇能力弱。2008 年全县仅有出口企业 12 家,其中两家受金融危机影响尚处于停产状态。全年进出口总额 0.13 亿美元,占地区生产总值的比重仅为1.14%,远低于河南省的平均水平(6.62%)。

在地理区位方面,豫北县位于省域边界处,距离周边大城市较远,周边亦无经济发达的城市群为依托。《中原城市群总体规划纲要》提出,中原城市群包括郑州、洛阳、开封、新乡、焦作、许昌、济源、平顶山和漯河 9 个地级市,确立以郑州为核心的区域经济一体化发展的"大十字"空间轮廓,将建设成为河南省对外开放、东引西进的主要平台以及中西部地区经济发展的重要增长极。豫北县位于河南省东北部,偏离中原城市群区域范围,尤其是远离中原城市群重点发展的郑汴洛城市工业走廊和新郑漯产业发展带,县域产业发展接受城市群及中心城市的辐射带动能力弱。

受区位影响,大型项目或企业难以落户豫北县,本地成长起来的企业规模普遍偏小,大型企业集团和龙头企业少。企业生产流程简单,技术装备水平低,产品市场竞争能力弱。2008 年全县共有工业企业 5083 家,企业平均总产值为 196.5 万元、平均增加值为 56.4 万元;规模以上企业仅 59 家,所占比重为 1.16%。2008 年豫北县的省级农业产业化重点龙头企业 3 家、市级农业产业化龙头企业 11 家。但这些企业普遍规模较小,且带动能力较弱。

从科技水平而言,豫北县企业的科技含量低,大多以劳动密集型轻工业为主。企业生产流程简单,技术装备水平低,产品科技含量少,如辣椒只进行简单的挑拣、分级和包装,与国内外辣椒高科技产品的发展趋势差距甚远。加上当地科技型企业、科研院校少,外部科技支持难以满足县域产业发展的现实需要,一定程度上影响生产工艺的先进性、产品的更新换代和企业的转型升级。如豫北县缺乏彩陶壁画的专业设计人才,批量外购的壁画设计图案缺乏新意,无法满足中高端客户市场的消费需求;从中国陶瓷协会、中国轻工业协会获取的技术支持难以改善陶瓷企业技术层次低、市场进入门槛不高的发展现状。

虽然豫北县的工业基础较弱,但是在劳动力方面优势较为突出。豫北县劳动力资源丰富,劳动力成本低廉,劳务经济较为发达。以2008 年为例,豫北县总人口 66.55 万人,其中农业人口 59.62 万人,转移输出农村劳动力 19.2 万人,实现劳务收入 11.5 亿元。是年,豫北县在岗职工平均工资为 13957 元,低于河南省 109 个县级行政单元的平均工资水平(为 15194 元),也明显低于河南省乃至全国的平均工资水平(分别为 20935 元、24932 元,分别仅占 66.7%、56.0%)。

整体而言,工业是豫北县的短板。虽然工业产值对于财政的贡献远高于农业,但是没有工业基础的县域很难有所突破。面对发展困境及行政任务,豫北县不能依赖市场经济的自然发展,而是要通过自觉的行为对市场经济进行培育和建设。因此,豫北县必须依靠市场之外的力量来培育产业。

主导产业,顾名思义,即在区域经济中起主导作用,处于主要支配地位的产业。在经济学中,主导产业被定义为"在经济发展的一定阶段上,本身成长性很高、并具有很高的创新率,能迅速引入技术创新,对一定阶段的技术进步和产业结构升级转换具有重大的关键性的导向作用和推动作用,对经济增长具有很强的带动性和扩散性的产业"(杨爱民,2009)。产业集聚区别于产业集群的关键点在于有明确的主导力量和发展方向,主导产业是产业集聚发展的重要因素。由此可见,主导产业于经济及产业而言的重要地位。主导产业的概念从另一个角度阐释了主导产业选择的关键点,即在既有的产业基础上优中选优。但优中选优模式适用于有一定产业基础,至少是拥有几个优势产业的区域,并不适用于产业基础薄弱又无优势产业或优势产业竞争力不强的地区。对于后者而言,在没有优势选项的条件下,无论做怎样的选择都意味着风险。等待市场的自然发展需要很大的时间和机会成本,满足不了现有需求甚至有可能影响经济增速。如果政府培育主导产业,则面临市场风险以及失败后的政治风险。那么,如何在选择过程控制风险就成为地方政府需要考虑的重要问题。

豫北县主导产业选择面临两方面的压力。一方面,豫北县政府在外在制度压力下必须在有限时间内确定主导产业。在提出建立产业集聚区之后,河南省政府又明确要求,要按照"竞争性最强、成长性最好、关联度最高"的原则(河南省2009年政府工作报告),每个产业集聚区确立1—2个主导产业,并且在2009年底之前将清晰的主导产业定位及科学规范的产业集聚区规划上报省发改委。面对硬性要求,豫北县政府不得不认真重视产业政策制定,正视主导产业选择。

另一方面是豫北县实际产业情况的压力。豫北县没有优质突出的产业可供选择。如果依循市场选择规律,只有食品加工业符合条件。虽然食品加工业尚不成熟有诸多劣势,食品加工业是豫北县的支柱产业。与其他产业相比,无论原料优势、已有规模还是所占份额,食品加工工业相对突出。由此而言,以食品加工产业为主导产业似乎是最优解。但从市场环境来看,食品加工是周边多数县区的"优势产业",产业具有较强的同质性,不可避免在招商引资及产品销售领域竞争激烈。食品加工产业是河南省的传统产业,产业布局基本完成,优质企业多分布在郑州周边地区。因此,食品加工产业可能会面临后续发展动力不足的问题。如果将食品产业作为唯一选项,不仅未来收益较小而且也会面临产业发展低迷甚至竞争失败的风险。从产业结构的角度而言,食品加工虽然有利于整合三产,延长产业链,但对工业及服务业带动力有限,"工业兴县"的目标较难实现。豫

北县产业区主任提到:

> 食品不用说,食品这个肯定是(确定的),(因为是)农业大县嘛,食品加工比如说有小麦,有玉米,玉米可以做饲料,小麦可以做面粉加工,食品这块肯定要作为一个(主导产业)。河南省好多地方都有食品产业,上报的时候,五六十家产业集聚区都报的食品(相关产业)。(访谈记录20161102 LZR)

在制度和风险压力下,豫北县政府决定确立两个主导产业,在食品加工产业之外选择一个有发展动力的工业主导产业。食品加工产业多年来一直在主导产业之列,也是政府扶持力度较大的产业。从稳定性而言,食品加工产业可以为地方经济托底。稳定却缺乏动力的传统产业在发展潜力上稍逊于新兴产业,但充当了产业结构"奠基石"的作用。这种"安全感"是豫北县政府有意愿另寻其他主导产业的前置条件。同时,为了弥补食品加工产业的发展弱势和不足,豫北县政府选择了一个有动力的工业产业与其并行发展。

1. 决策机制的优化:立足本地实际

在确定主导产业数量后,豫北县政府着手寻求除食品加工产业之外的主导产业目标。与之前的"经验模仿"模式不同,豫北县政府立足于本地现有企业和产业,重点关注已形成集群并有发展潜力的工业产业和大型企业。

出于更精确的掌握既有经济状况和谨慎判断产业价值的考量,豫北县政府聘请国内著名经济学家和市政府研究室对豫北县进行实地考察并编制了《豫北县经济社会发展规划》。在此过程中,豫北县政府协调组织了一次关于豫北县产业现状的摸底调查,并从中筛选了发展相对较好的企业和产业进行深入调研,主要了解其现有状况及之后的发展潜力。豫北县产业区主任参与了当时的调研活动,介绍说:

> 做规划的时候,当时筛选了很多产业,一个是机械精加工,因为原来一直有那个小的农业机械的制造传统,还有一个医药,我们当时有个制药厂。还有一个瓷砖,有一点规模吧。以前那就算是好了。这个里面第四个就是家具,当时成立了 4 个调研组。(访谈记录 20161102 LZR)

在了解了豫北县产业状况后,豫北县政府组织了多次讨论,就主导产业选择及产业区规划听取各方意见。在讨论过程中,不同的决策主体意见不尽相同。其中,专家建议豫北县选择食品加工产业和家具产业作为主导产业,选择食品加工的原因不再赘述,而选择家具产业为主导产业的原因主要是:有一定的产业基础;属于劳动密集型产业,技术门槛较低;污染较少,可持续;依托房地产兴盛,有产业发展潜力;有较大的招商机会。虽然专家给出了合理依据,但是豫北县政府在产业政策意见上仍未形成一致观点,出现了很多反对意见:

> 当时很多人都不看好这个家具产业。因为这样,可能当时也是咱全县里面散落了很多家具企业,因为有这个(木器加工)传统,有一些做木工的就散在全县。比较集中的,就在这个西村那儿,当时也是很小,都是小作坊。而且对外这个形象也不好。实际上是找不到成片的企业,所以这个也把它作为一个产业去了解……好多人当时还不理解(专家发展家具产业的建议),很多人说这个瓷砖可以发展一下,甚至来说,这个机械制造也值得发展。(访谈记录 20161102 LZR)
>
> 主要咱们这个(家具)产业也是一个冷门,是一个别人看不起不愿意弄的产业。很多人认为,(这个产业)也没啥税收,地也不少占,弄这干吗。(访谈记录 20170610 LJZ)

反对者认为家具产业在本地原有基础差,还有发展形势比家具产业好的产业,产业劣势大于优势。而且家具产业属于轻工业纳税能力弱,对增加政府财政收入作用小。对于这些反对意见,专家也进行了回应:

> 当时咱们县就一个药厂、一个白铁厂还有一个瓷砖厂。这些他都给否定了,他说这些东西都是不可持续的,你们这个药厂其实没啥,它不是一个医药园区,不是一个群体。瓷砖这个东西本身就是污染的,真正生产过程是污染的,而且就是做一个壁画,这个东西很快就被淘汰了。你看现在的年轻人就很少要这个了,很多都在县城买房了。越来越少在老家盖房了,所以这个(瓷砖产业)萎缩得厉害。(访谈记录 20170614 JJZ)

> 咱为啥弄,当时专家说了,没税收,不富财政但是富民。这些工人可以打工啊,就可以富起来。将来这些工人多了,吃喝拉撒带动房地产、带动小吃、带动商业,搞活经济啊。(访谈记录 20170610 LJZ)

针对不同决策主体意见,豫北县政府经过协商后认为专家的建议可行性较大,可以将家具产业纳入主导产业中。按照"理性人"假设,为了获得利己的最大收益,地方政府应该选择税收高、短时间内可以有规模效应的产业作为培育目标,而拒绝"税收效益低"、"需要长期发展"的产业。因为一旦选择需要长时间才能取得一定成果的产业,就有"前人种树后人乘凉"的可能,政治绩效不明显。而税收低的产业,一方面不利于短时间内有较好的收益,一方面不利于回收成本。毕竟,在分税制度之下,地方政府需要自行投入较大比例的经济成本,完全借助上级财政扶持的可能很小。家具产业属于轻工业制造门类,无论对国家税收还是地方税收贡献都相对较小。而且豫北县家具产业最初被纳入选择就已属无奈,是否能够在短时期内壮大尚存疑。由此而言,将家具产业作为主导产业培育并非"理性选择"。

这种看似"不理性"的背后的合理性在于,虽然专家的建议没有给予豫北县政府制度上的保障,但为其提供了理论合法性。作为行政主体的地方政府缺少专业的经济知识,相较于"非专业"的政府工作者,专业人士基于理论和实践的建议可以在一定程度上降低决策风险。政府吸纳非政府主体参与政策制定,一方面想通过专业互补来提高决策质量,另一方面要通过科学论证的路径来确立程序合法性,以此应对制度风险。获得经济学家"背书"的豫北县政府产业发展规划在众多产业集聚区中脱颖而出。

> 当时全河南省把家具作为主导产业,就咱们唯一一家。一百八十三家就咱们自己一家,别的都没把家具作为主导产业。当时我去省发改委跑这个事的时候,报这个主导产业也挺有意思。其他地区都是一天去的,排队,排一个小时两个小时排不上,交那个主导产业规划,好容易排到了,说是家具产业,那个省的处长直接当面说终于来了一个不全是食品的,他说你这个非常好,当时就说有眼前一亮的感觉啊。然后人家一说,这个批了也很快。(访谈记录 20161102 LZR)

而且在之后的实践中,专家的建议也得到了一一验证。首先,是就业问题。豫北县引入的家具企业解决了本地较多人口的就业问题。以 2015 年为例,豫北县家具产业带动就业 2.3 万人(河南省发改委调研报告,2016)。就业问题的解决,使得原本外出打工的流动人口稳定在家乡,并且带动了本地的消费。另一方面,家具企业的集聚也使得豫北县形成了一个较大的家具销售市场,周边地区的消费者都前往豫北县购买家具,从而拉动了第三产业的发展。家具产业作为链条式产业,也带动了本地其他行业的发展,譬如物流行业。到后期,随着外来企业的增多,非本地人员也随之增多。很多外来人员都在豫北县内购置了房产,也一定程度上带动了豫北县房地产市场的扩张。在访谈中,豫北县很多工作人员都将家具产业发展良好的原因归结为先期的科学论证上:

> (家具企业)财政贡献很低。就像我之前跟你说的,家具的税收很低。但是他带动了相关的(其他产业),比如房地产。因为产业工人来这边(需要住宿)。现在河北那边(来的企业)已经显现出来了。前一段时间,河北来的这些(企业人员)在我们哪个小区团购了大概几十套房吧。人家来这,把这些年挣的钱都投到这了。人家来这也要住啊,一个是孩子上学,一个是要住。而且他们工人也要在县城买房子,实际上他拉动了全方位的(行业发展)。房地产兴盛,房地产企业的税比较高,(这种影响)是间接的。只看这个产业交税确实不高,但是它带动了住宿、餐饮还有商业。他弄来了几万人都要吃喝拉撒睡,这些东西其实都是间接交税了。家具产业本身税率很低的,有时候你看销售上亿,但是他交的税很少。这种良性循环就是这个产业的好处。(访谈记录 20161102 LZR)
>
> 所以,我们一开始科学论证定位贴切,没有好高骛远,这一点很重要。你说我定电子吧、定装备吧,谁都知道这好,但是你没到这个阶段呢,你弄不成。(家具产业)税收低,别人不愿意弄,相对竞争也少。最关键的是定位贴合实际,有优势,有缘由地去做。其他(产业集聚区)之所以来回换就是太急功近利、摇摆不定。(访谈记录 201706010 LJZ)

从中央政府到地方政府都强调"要科学发展、持续发展",科学二字也频繁出现在政府的红头文件中。改革开放以来,政府决策也在不断朝科学化、民主化、法治化发展。政府决策主体和方式呈现出多元化趋势。以前依赖经验及"拍脑袋"的决策模式逐渐退出历史舞台,以实事求是、调查研究、从群众中来到群众中去、民主集中制等为指导原则的决策模式逐渐成为主流。另一方面,整体组织意识的变迁同样影响和改变了组织的行动方式。从中央政府到地方政府都较为重视对在职人员尤其是承担决策导向任务的官员的系统性培训,使其能获得前沿的知识及先进的理念。以豫北县这种制度化的组织学习方式为政府决策的先进性提供了保障。确定主导产业之后,豫北县政府又邀请同济大学的城建学院的专家学者为产业集聚区进行了规划设计,进一步确立了产业集聚区的"专业合法性"。

2. 产业政策的制定:目标与逻辑

中国经济的快速增长很大程度上归功于中国成功的产业政策(林毅夫等,1999)和发展型地方政府(Qian & Weingast,1997;周黎安,2007;Xu,2011)。因此,目前我们依然对产业政策的有效性以及产业政策的制定非常关注。从产业发展的外部性角度来看,国家和政府被视为关键的影响要素和行为主体,他们通过制度结构、制度环境、产业政策等方面来影响产业的发展(道宾,2008)。政府的干预不仅体现在外部性制度环境上,也体现在技术环境上(Kraemer&Dedrick,2001)。从根本上而言,政府的产业政策才是产业发展的主要原因(Humphrey,2003)。产业政策不仅仅针对产业自身,更应该是一个综合性的概念,涵盖了社会的经济福利(Neumann,1990)。

产业政策一般分为选择性产业政策和功能性产业政策(Lall,2013;江飞涛、李晓萍,2010,2015;吴敬琏,2017)。选择性产业政策和功能性产业政策在经济学视野中被广泛讨论。已有研究从多个角度探讨了选择性产业政策发挥作用的条件,例如产业的发展阶段(陈玮、耿曙,2017a,2017b;耿曙,2019)、激励机制的设计(Rodrik,2004,2008;罗德里克,2016)、企业所有制性质(聂辉华,2017)、政策实施的原则(贾根良,2018)等。

中国的产业政策已经形成了一个多元化、层次分明、内容繁杂的庞大体系,演变成了一套动态复杂的政策组合(黄群慧,2018)。实际上,不仅在国家和省一级,即使在地级市和县一级,也存在着相应的产业扶持政策,如促进产业集群的政策。研究表明,地方政府在产业的发展过程中扮演了积极的角色,特别是在产业升级阶段,地方政府能否提供适当的公共产品将决定一个产业在未来是否具备竞争力(阮建青,2014)。另外,从土地资源配置的角度,张莉等人在城市层面验证了产业政策的效果(张莉,2017)。本文主要关注地方产业政策,在发展型地方政府的框架下,从理论层面探讨了地方产业政策制定和发挥作用的内在逻辑。

产业政策主要通过两种理论机制对产业发展来产生影响。一是产业政策的合理化作用机制。在产业发展过程中,常常面临各种外部性、信息不完全和不对称的问题,这可能导致投资过度或不足,产能过剩或过度波动等现象的出现(Hausmann & Rodrik, 2003)。此外,各类市场并不完全,例如针对某些特定产业的金融市场、产品和服务的不完善,以及企业在资源跨期配置方面无法完全依赖市场机制(Stiglitz, 1993)。而且企业往往无法独立完成技术应用、资源配置和产品生产等决策的协调,从而无法实现资源的最有效配置(Rodrik, 1996)。产业政策通常是基于政府职能部门大量的资料收集、整理和反复研判的基础上制定的。在市场机制不完善且短期内难以根本改善的情况下,产业政策所提供的信息和信号有利于弥补市场的外部性、信息不完全和不对称等缺陷,防止盲目投资和过度生产,减少产业结构不合理变动的摩擦,加快资源在产业间的优化配置,降低要素重置成本(Pack & Saggi, 2006)。另一方面,产业政策还具有高度化的作用机制。研究表明,恰当的产业政策有助于引导产业技术创新方向,提高产业创新效率(Peters et al., 2012)。具体的措施包括特定的专利保护政策、风险投资基金、公共研发基础平台以及各类人才政策支持(Pack & Saggi, 2006)。即使一个国家或地区的产业技术处于世界技术前沿,政府通过产业政策适当地引导和保护本国或本地新兴产业,通过实践中学习推动创新升级,也是实现产业技术追赶的有效做法(Baldwin,1969)。

豫北县政府在产业政策制定过程中既要考虑产业未来的发展趋向,也要考虑国家的宏观政策方向。豫北县之所以选择家具产业作为主导产业,不仅是对科学的专业性建议的认可,而且是综合考虑了国家政策和市场走向。地方政府始终是在中央政府和上级政府的管制中,虽然拥有一定的自主裁量权,但是一旦在原则性政策上与中央政府或上级政府相背离,必定会受到惩罚。因此,豫北县政府在产业政策制定时必然将国家政策纳入规划中。而且,在某种程度上,国家政策是优先于市场发展的。

从国家治理角度而言,家具产业属于低污染产业,不仅符合当时的国家治理理念"科学发展观",而且与市区规划契合。豫北县政府规划产业区时严格遵照各级政府的制度法规,重视环保部门建议,在产业区内分设食品产业园和家具产业园,以避免交叉污染。产业办主任介绍:

> 你看看怎么想,要富财政肯定不如一个化工企业,但是化工企业污染比较高。咱们这一块没法招污染企业,因为市县一体化,就是说,他现在差不多就成了城市的副中心了,迟早要合并到一块。所以说按照咱们这个风向,咱们这边主要是南北风,这边有化工企业的话(污染的空气)还是会刮到市区那边。市区的化工企业比较多,他们就放在最西边和最东边。中间这一块,我们做规划的时候也是宁可不要化工污染企业,以后肯定会有后遗症。把青山绿水还是要留给老百姓。所以开始这个政策到现在没有(变)。我们开始做规划的时候,就没有三类用地,全都是一类二类的(用地)。我们做规划的时候就把这个(标准)卡死。
> (访谈记录 20161102 LZR)

从市场结构而言,虽然豫北县家具产业基础差,但市场环境向好。家具产业与房地产产业息息相关,是"一荣俱荣一损俱损"的关系。制定产业政策之时正是全国房地产发展旺盛之期,从这个角度而言,家具产业有较大的发展潜力。

> 在09年的时候,基本上也是开始房地产开始蒸蒸日上的时候。这个家具与房地产息息相关,其实房地产的繁荣也带动了家具产业整个的发展,所以说当时这个家具定好之后,我们就(开始大力推动其发展)。

豫北县在产业区规划中同样考虑了产业未来发展。为了将本地企业纳入产业区,豫北县政府在原有工业园规划的基础上,向西村家具企业聚落延伸。最后将西村家具聚落定位为家具产业园的南向起点,同时也是豫北县产业区的南大门。

至此,豫北县政府基本完成了主导产业的长期发展政策。即,以家具产业和食品加工产业为主导产业,重点并优先发展家具产业,力图将家具产业打造成为河南省内优质、专业的集聚型家具生产基地。

在完成产业长期发展目标规划后,豫北县政府开始着手短期发展目标的设计。豫北县政府一方面为了响应河南省政府的"产业集聚"的政策号召,一方面为了推进家具产业的规模升级,因此制定了"集聚优先"的产业发展目标。由于调研结果显示,豫北县家具产业优点不突出,缺陷明显:"企业规模普遍偏小、产业链条短、技术含量少、产品附加值低,尚未形成规模集聚效应和区域竞争优势,多为违法占用农地重复建设生产与展销厂房,恶性贬损、压价销售等无序竞争现象屡有发生"(产业发展与布局规划调研报告,2008)。因此在具体的产业政策方面,豫北县政府一方面鼓励本地企业在现有的发展基础上进行扩张,尝试自主市场升级;另一方面在专家的建议下,优先考虑招引有技术优势和口碑效应的大企业作为领头雁,以带动本地企业转型升级和市场扩张。

基于本地的实际情况,豫北县政府决定先采用制度手段激励本地企业成长。这样不仅有利于当地企业发展,也有利于建立招商引资的市场环境。针对企业分散经营和企业规模较小的问题,豫北县制定了针对本地中小家具企业的产业政策:在产业区内修建中小企业家具园,鼓励本地中小企业在产业区内集中集约化生产;鼓励西村已经建成的家具企业扩大规模,扩建厂房或家具展示厅达到政府指定规模后,县政府补给予每平方米 100/60 元的补贴;建立以财政为依托的中小企业信用担保体系,成立豫北县中小企业贷款担保公司,并在之前的基础上增加 200 万元财政支出扶持中小企业发展,用于解决企业融资困难的问题。

> (二)对新建标准化厂房 4000—8000 平方米的,每平方米补贴 60 元;新建标准化厂房 8000 平方米以上的,每平方米补贴 100 元。待厂房建成验收后,县政府将一次性予以发放补贴。(三)促进家具市场建设。对新建标准化家具展示厅 4000 平方米以上的,每平方米补贴 50 元。待展示厅建成验收后,县政府将一次性予以发放补贴。(四)鼓励支持金融部门在全县家具企业中评选信用企业和信用商户,给予相应的贷款支持。(五)支持企业进行资产重组和技术改造,不断提升品质,做大做强。凡企业进行资产重组扩大生产规模或进行技术改造所购置的先进实木或板式生产设备,明显提升生产工艺和产品档次的,经立项、专家评估,给予企业技术改造设备投资 10% 的奖励。(豫北县人民政府关于加快豫北县家具产业发展的意见 2008)

在鼓励本地企业成长的同时,豫北县政府也为招商引资做了准备。基于当地投资环境劣势,豫北县政府为了吸引大企业落户制定了优惠的土地税收政策:土地供应方面,规模以上的企业,以补偿成本的价格为落户企业提供土地；税收方面，实行"三免五减"政策①。为了优化投资软环境，豫北县政府从政务环境和社会环境两方面做了制度性要求：建立联审联批制度，严厉打击"三强""四霸"和涉企"四乱"等行为②。豫北县政府不仅将此项规定落实到文件中，而且作为年度目标写入了豫北县政府报告里。

至此，豫北县整体的产业政策初步制定完成，之后就是政策执行以及政策调整阶段。后期发展中，豫北县产业短期政策目标进行了多次调整，但没有变更产业区基本规划及主导产业的长期发展目标。从后期发展情况来看，豫北县基于科学、可持续原则制定的产业政策具有前瞻性和稳定性，为之后的发展奠定了基础。

四、小结

产业不是一个简单的市场集合，而是由具有同质性的市场资源和市场主体组成的复杂经济体。在市场经济中，产业集聚是一个以市场为导向的自发集中过程。产业内部相关同质性经济主体（企业）通过利益关系联接，自发在一定的范围内集中整合，以达到降低成本，增加利润的目的。地方政府作为政治主体进入市场领域进行产业培育，无疑是一个风险事件。尤其是在产业发展前景不明朗，产业基础较差的情况下，打造产业成功与否很大程度上是未知事件。虽然很多地方政府主导了本地区的经济发展并获得了成功，但这些成功经验往往基于雄厚的经济基础或者发达的资源，对很多经济条件较差的地区并不适用。面对未知的风险及失败的可能，为什么地方政府仍有意愿"倾全县之力"打造产业呢？

---

① "三免五减"：前三年免除地方留成税，第四年、第五年是地方留成税减半。这些减免税收以奖励金的形式返还给企业。
② "三强四霸"：强装强卸、强买强卖、强揽工程行为和村霸、路霸、市霸、街霸。涉企"四乱"：对企业乱收费、乱罚款、乱摊派、乱检查的行为。

以往对于地方政府积极参与经济建设过程的研究主要从国家体制和行政结构维度进行分析。有学者注意到,分税制改革带给地方政府更多的行政权力和自主行动空间(何显明,2007a、2007b)。与之前的包干制不同,35%的地方财政税收自留的规定导致地方政府与当地经济直接相关联。因此,地方政府为了增加地方财政税收,有强大的动力去发展经济。地方政府受到自上而下的激励,自然会运用各种手段谋求经济发展。"地方统合政府主义"(戴慕珍,1992)、"地方政府公司化"(魏昂德,1993)及"中国式联邦主义"(钱颖一,1996)与之相似,都是从国家体制层面的制度激励角度切入,认为地方政府在确立自主权后主动"企业化"为经济行动者参与到经济活动中。从行政结构的视角而言,地方政府主要决策者一般是地方政府的主管官员。这些官员受到"晋升制"的激励或"压力型体制"的约束,通常以显性的经济发展来谋求政治进步。这种观点与"责任承包制""行政包干制"(周黎安,1995)异曲同工。以上无论是从外部制度环境还是内生驱动的角度切入,均以"理性的政府"为前提,从静态的视角出发进行的分析。这些研究没有将动态的历史的因素纳入分析,虽然对某些现象解释力较强,但只能对特定条件下特定行动有效。再者,以上观点很多基于理论而来,尚有待实际验证。虽然这些研究有不足之处,但仍对本文具有很大的启发性。本章试图从多元化视角分析,在以往研究的基础上,从历史的维度去考察地方政府参与市场的动力机制和行动起点。

"政策制定离不开流行的思想观念等环境:这里面包括对社会性质与经济性质的集体共有概念,关于政府的适当的角色、若干共同的政治理想以及已往政策经验的集体记忆。所有这些理念集中在一起就构成了一个国家的政治话语。这种政治话语提供了在政治舞台上描述政策的语言和对政策进行评判的条件。"(Hall,转引自高柏,2008)豫北县自改革开放以来经历了漫长的市场转型和工业化过程,历尽坎坷和挫败。在要素禀赋不足的基本情况下,尝试了多种变更方式。从政府投资企业到政府主导农业产业化,再到后来的产业培育,豫北县政府在产业打造过程中的行动逻辑上呈现出由"保守克制"到"开放发展"的转变。从时间维度来看,豫北县政府的行动逻辑变更与市场经济发展阶段有相关关系,在不同市场经济发展阶段呈现不同的行动特点。市场经济发展程度与意识形态的变动有关,在市场经济发展程度较低的阶段,意识形态多呈现保守、封闭的特征,而随着市场经济发展,意识形态也发生相应变化,表现出开放、超前的特点。受意识形态的影响,地方政府组织的行动方式也发生了不同的变化。在初期发展阶段,地方政府自主权力较少,主要以"服从指挥"的原则采取保守的经济干预行动,严格做好中央政府的"代理人"。随着改革开放深入,行政管理体制变革也随即开展,到中后期发展阶段,地方政府自主权力增多,自主意识增强,行动模式趋向开放。从认知层面而言,国家系统自上而下的认知进步也是地方政府行动模式的重要原因。市场经济改革初期阶段,政府对市场经济认知较少,知识落后,地方政府的很多经济干预行动表现出"不接地气""瞎指挥"。后期通过自上而下的制度性培训方式,使政府决策层获得了先进的治理理念和相关知识,地方政府的行动决策更具科学性,自主能力随之增强。即使学习以往经验,也不再是简单的"照搬照抄",而是立足实际采用科学的论证手段进行判断。从历史视角来看,每一阶段经济政策的结果都是下一阶段经济政策制定的起点,地方政府行动具有连续性。将地方政府放入整体的视角进行观察,有助于更加全面地理解地方政府行动动机。

培育主导产业从经济学的角度而言是充满悖论的。主导产业是自然选择的产物,而培育则是强制干预市场的手段,二者的结合看似不合理。另外,主导产业与一般产业相比更具有中心性的影响作用,一旦干预失败会面临更大的风险,也会承担更多的"沉没成本"。产业培育是风险事件,但是面对现实劣势及强制性任务,培育产业成为地方政府的"被动的"选择。原因在于,在薄弱的经济基础上等待产业自行发展成本太高,且同样充满不确定性,采取干预手段虽然有风险但相对"经济"。从地方政府内生动力而言,地方政府谋求经济发展的意愿以及对主导产业作用的认可,又使得培育产业行动成为"被动的主动"选择。外生动力与内生动力相结合,就构成了地方政府进行主导产业培育的动力机制。

由于主导产业培育的高风险性,地方政府在产业政策制定过程中格外注意运用合法性机制来进行风险规避。从主导产业选择到产业规划,豫北县政府都引入了非政府组织的专业人士参与决策过程,来进行科学研判。豫北县政府以专业人士的建议作为制定产业政策的重要依据,并在一定程度上降低了未来可能的经济风险。作为局外人的地方政府拿到了"专业保护符",在一定程度上确立了政府的自信及行动合法性。另一方面,豫北县政府将行动目标与上级政府行动目标一致化,以此来降低制度风险,取得政治合法性。在产业区规划过程中,豫北县政府特别注意市级政府的规划方案设计,以避免与其发生冲突,保持目标一致性,避免了未来可能的制度风险。在制定产业政策的过程中,豫北县政府在坚持发展为先和适当控制风险的行动逻辑,因此豫北县政府以工业化和可持续作为行动准则来制定具体的产业政策。而这种行动方式变革一方面源自地方政府自主空间的增加,一方面源自政府组织整体认知的提升。

综上所述,地方政府的行动模式既具有阶段性特点又具有连续性。地方政府行动受国家、社会等多因素的制约,在不同阶段呈现不同特点。但在行动过程中,之前的结果又是下一行动的逻辑起点,因而具有连续性。地方政府的行动方式与地方政府的自主能力有较大联系,而地方政府自主权力的获得是取得自主能力的前置条件。因而,地方政府自主权力和自主能力在不同阶段的程度不同,其行动方式也不同。

第四章　产业转型的可持续逻辑

在产业内部驱动力不足的条件下,地方政府一般倾向于寻求外资的引入进而促进经济的转型升级。但是谋求外部资本进入并非一蹴而就,而是与政企关系、市场机遇相关。政府的对外引入策略及政府的行动都对外部资本引入具有深刻的影响作用。本章第一节主要关注政府是如何引入外部资本的又是如何在产业结构调整中发挥作用的。产业打造是一个持续性的行动过程,需要长期的坚持。但是政府官员尤其是掌握决策话语权的主要官员容易在短时期内进行职位调动,从而对产业政策决策产生一定影响。本章第二节主将主要关注地方政府为什么以及如何在这种政治变动中坚持原有的产业政策的问题。在发展的挫折时期,豫北县政府的行动逻辑也随之发生了变化。在这一阶段中,豫北县政府的行动逻辑呈现出风险控制优先、兼顾规模化的特点。

一、艰难起步:产业打造规模化的逻辑

在经济转型升级过程中,很多地方政府都寄希望于外资的引入,从而激发本地经济活力,促进转型升级。东部沿海等市场经济基础较好的地区,多以引入国外资本为主,通过相关的政策优惠和土地优惠等形式来吸引外部投资。在东部地区升级完成后,以劳动密集型产业为代表的一批相对落后产能纷纷转移到中西部地区。借此机

遇,中西部地区也开始了招商引资的竞争,想以此为契机实现工业化发展。从企业的视角而言,产业转移实属无奈之举。发达地区土地、人力成本有大幅度增长,为了降低成本,提高利润,企业只能以牺牲运输成本为代价进行生产转移。从经济利益的角度来考虑,市场永远是第一选择项,靠近销售市场的区域利于产品运输和参与市场竞争。因此,人口较多,市场前景较好的城市及周边地区较易吸引外部投资。而其他地区只能通过降低土地成本和提高优惠力度来争取外部资本注入,区域间竞争较激烈。

关于政府招商引资的研究有很多,大多数分散在管理学、经济学等领域。很多学者从行为模式、政府角色、动力机制、路径选择等方面出发分析政府招商引资的行为。欧阳静在讨论乡镇政府招商引资行为时指出,压力型体制下地方政府尤其是乡镇政府,在强激励的刺激下容易选择策略主义逻辑来追求眼前的短期目标而不顾及产业发展的长期战略目标(欧阳静,2011)。压力型体制下,面对任务目标,很多地方政府都以完成指标任务作为行动指导,因此存在为了达到短期目标而不顾长远利益的策略主义逻辑。欧阳静的研究对"应付型"政府的招商引资行动解释力较强,但对那些以长期目标作为行动指导的地方政府行动解释力较弱。耿曙在分析东南沿海招引外资企业过程时注意到地方政府与企业存在双向寻租行为,既有迎合政府的寻租企业,也有吸引外资的反向寻租政府。耿曙认为正是这种反向寻租一方面遏制了寻租的猖獗,一方面诱使政府为吸引更多外资而提供更多的优惠政策。这种双向寻租既参与建构了政企关系,也是中国经济得以迅速发展的重要原因之一(耿曙、陈玮,2015)。耿曙的分析主要针对招商引资过程中的政企关系及政府的行动逻辑,并没有注意到政府与企业的联接及在招商引资上地方政府行为之间的差异性。以上研究对理解地方政府的招商引资行动具有很大的启发性,但都是将招商引资作为一个固定的行为模式加以研究,并没有放在历史阶段中说明。地方政府的招商引资行为不是一成不变的,在不同阶段基于不同的行动逻辑会采取不同的招商引资策略。本节主要关注地方政府在招商引资过程中如何建立沟通机制与企业接洽，又如何在区域间竞争中达到招商引资的目的。

招商引资：市场联通机制的建立

豫北县政府在完成前期产业政策制定等阶段任务后，开始筹备政策落实等任务。豫北县政府从产业区建设、招商引资、培育本地企业发展等方面同时着手，以推进产业发展。但是在起步阶段，处理这些问题并非易事，豫北县政府面临很多困境。首先，豫北县政府财政收入很少，单凭一己之力难以完成产业区建设。其次，豫北县政府虽然已经制定了优惠政策，但如何将信息传递到目标企业尚不确定。最后，豫北县小企业囿于思维局限，虽然有优惠政策支持，但缺乏升级意愿。横向比较而言，如果说基础设施建设缺乏资金尚可通过"软约束"向省政府、市政府等上级政府寻求支持，争取项目资金。那么没有市场信息资源的豫北县政府在招商引资方面面临更难解决的问题，而建立有效的沟通机制成为破解难题的关键。

招商引资对于地方政府的重要性不言而喻，对地方政府而言无论是其经济效应还是对政治政绩的影响都是关键性的（耿曙，2017）。更勿用说本地企业难担大任，只能通过招引大企业来撑起产业发展。豫北县政府认为如果想要引领家具产业快速发展，必须在家具行业百强企业中寻找有意向落地的企业。而当时的家具制造百强企业大部分分布在东部沿海地区如广东省、浙江省、江苏省等，也有一些分布在四川省和东北地区。这些地区都远离豫北县，且本地企业销售范围较小，没有与之联系的通道，信息传递很难通过市场建立。再者，豫北县政府对家具行业及家具企业认知不完全，二者存在信息不对称的情况。因此，豫北县政府决意组建招商团队，分赴各地进行考察招商。在前往家具集聚地考察、招商的过程中，豫北县政府获得了更多的市场信息。鉴于广东省家具主要面向对外贸易，交通区位是他们首要考虑项,豫北县政府认为招揽广东省家具企业的难度会很大,因此转而面向了做板式家具的四川企业。四川省内的大型家具企业主要以生产板式家具为主,运输、安装都较为方便,对区位要求并不严格。依托房地产行业的兴盛,家具企业快速扩张,开始准备全国布局。由此而言,双方的需求互补,在行动目标上可以达成一致。豫北县产业集聚区主任介绍说:

> 我们这边也分析了我们家具那个,我们在哪方面能够有优势。一个是这个家具的运输很麻烦,家具成品运输的话是很占物流成本的。所以我们大力发展板式家具,就是那个可以组装的那种。这个销量还是比较大,因为我们自己的(家具)优势在低端市场,中端市场是我们的最终目标,然后再投入高端市场。当时中端这一块是我们需要抓住的。中端这一块的大企业,它的利润相对高一些。(在)运输的成本上还有难度,都要小。就这一块的发展前景肯定要好一些,所以说我们当时还说过要建,全国的尤其是北方板式家具基地。还有一个就是实木家具,北方人买家具很多人都买实木(家具),但是实木家具销售半径小。比如说这个柜子装到车上内部空间用不上,所以说它占地方要大得多,你要用板式的话,这一个柜子的地方可能要装出好几个柜子来。所以说这一个真正的实木家具做出来,他要占很大空间,这地方都是空的,所以运过来一车拉不了多少,实木那个销售半径低。所以说这是我们的招商方向,总的方向定好了,你招的时候就比较有目的了。咱全国有3个明显的家具基地,广东这边主要以出口类高档的那种,再有就是四川,他们板式家具做到最好。还有一个北京香河那边,香河那边就面向国内的一些中高端的实木家具。所以这是三大基地,我们应该是瞄准四川。我们也想招广东的,但是在招商上并不顺利。因为人家也要考虑到你这个运输,要外销啊,在这做了拉过去外销,这不现实对

不对？如果说卖国内，广东那边很多企业在做外向的（销售），很赚钱，国内这一块他们不是很感兴趣。（访谈记录 20161102 LZR）

豫北县政府虽然拟定了招商引资目标，但在开始的招商引资行动中频频受挫。由于信息联通机制的缺失导致豫北县政府获取市场信息滞后，错失有利的与企业合作的机会。2009 年，双虎家私准备在中部地区设厂，以满足市场扩张及降低运输成本的需要。双虎家私将豫北县一带纳入选址建厂的考察范围，并与市招商局联络。豫北县招商局得到消息之后与双虎家私联系，但已错过其行程，并未接洽成功。此时，豫北县政府并未做好充分的招商准备，甚至连双虎家私的基本状况尚不了解。在此之后，豫北县政府才了解到双虎家私是年盈利上亿的四川板式家具企业，非常符合他们的招商需求。一方面滞后的信息获取使豫北县无法及时参与市场的合作，另一方面豫北县对家具企业的认知缺失也使得政府与企业无法关联。

在确定招商方向后，豫北县政府决定进一步与双虎家私接洽。因为与其没有直接互动，贸然前往取得合作的成功率较低，甚至有可能"吃闭门羹"。因此，豫北县政府通过河南省家具协会联系到了可以从中协调的"中介"——四川家具协会，之后通过四川家具协会找到了双虎家私的董事长。通过四川家具协会的引介，可以有效避免接触失败的风险，同时也可以提高二者合作的可能性。虽然豫北县政府拿出了足够的诚意邀请双虎家私投资设厂，但出于利益的考量，双虎家私以已在江苏设立新厂为由回绝了豫北县政府。豫北县招商局长提到：

通过河南家具协会的会长找到四川家具协会的老秘书长，秘书长非常热情带着过去。去了之后董事长拿着地图看半天，聊了十几分钟，说我再考虑一下吧。这就回来给书记回话，书记就带着人再去,但是董事长不见面了。出来一个职业经理人,当时的书记就是现在的副市长,说你提的所有条件我都能答应。我们可能要1000亩地,没问题,其实我们当时到哪找1000亩地啊。但是这就是领导的魄力,只要有大项目人家来,我就敢干。条件都好谈。当时是09年,(供给给企业的)地不咋(给企业)要钱。当时要是卖,咱这地也卖十来万。这结果去了之后,人家说已经在江苏宿迁定了。(访谈记录20170604 JJZ)

虽然这次招商没有成功,但是通过与双虎家私的接触,豫北县政府获取了一个比较重要的信息,与双虎家私有同样扩张意愿的南方家私在寻求新厂投资地。这个消息使豫北县政府转换招商目标,向南方家私表达了招商意愿,并做出了较大的优惠让步。南方家私也同意前去考察,有意愿与豫北县保持联系。豫北县政府通过与家具协会、企业的互动建立了联通市场的信息通道,从盲目捕捉信息到有效获取信息,豫北县政府从家具行业的"门外"进入了市场中。

南方家私在与豫北县接触过后,进入了犹豫期,迟迟没有答复。当时的中部很多省份都有招商引资的意愿,并提供有竞争力的优惠条件。豫北县无论是优惠条件还是地理位置都并没有足够的竞争力。而且,豫北县的产业集聚区刚开工建设,道路、设施等都处于筹备阶段,不足以吸引企业入驻。面对这种情况,豫北县一方面请四川家具协会出面撮合,一方面努力与南方家私联络,宣传豫北县的优势以争取合作机会。产业集聚区主任介绍:

> 所以说咱们这,一个地理优势资源,也就是资源基础,还有服务优势啊,也算是优势吧。其实是真正打动他们,促成了这个南方家私(入驻)的,还是我们的真心诚意。因为南方急需要扩张,当时湖北潜江那边跟我们这边基本上同时起步,所以存在着这种竞争关系,说他们也在拉拢啦,到底是落在哪。这边才开始

谈,那边就开始打围墙了,他们就在这点比我们早。全友当时还
在观望,所以说南方这个是行动啦,所以说我们要抓住了这个。
他去那个湖北潜江的时候,我们招商队伍也跟到了潜江,给他打
电话,那边又回四川了,我们又跟到四川跟人家说。当时那个南
方的老板没跟别人打招呼,就过来考察嘛,考察之后也是有点犹
豫,就是他最终被我们这个热情和经济利益(打动了),资本都是
逐利的嘛。(访谈记录20161102 LZR)

南方家私在豫北县设厂后,豫北县政府一方面尽快与之协商好
具体的布局规划,并尽力满足其需求;另一方面加紧招商进度,寻求
更多企业入驻。豫北县通过与四川省家具协会、四川家具企业互动
频繁,联系紧密建立了信息沟通机制。豫北县政府利用协会与企业
的原生信息网络,可以更便捷获得市场信息。不仅如此,依托信息中
介网络,豫北县参与到市场资源分配中,提高了竞争力。市场中,社
会网络及社会资本是企业决策的重要影响因素。在经济利益之外,
企业决策者往往也将"人情关系"纳入考虑的范围。在经济利益相差
无几的条件下,社会网络和社会资本就成为企业决策的重要依据。
在豫北县招商引资期间,四川省家具协会一直参与政府与企业的互
动中,成为二者网络连接的重要中介。

这里面就是做工作啊,(四川家具协会)秘书长也帮着做工
作啊。你看全友都去了,河南是你们非常大的市场。而且他们
的老总也是个非常多疑的人,不过确实说得有道理。全友、南方
都去了,你不去,河南的市场就不一定有你的了。虽然这也是我
们的一个策略,但是也是实际情况,所以就跟过来了。(访谈记
录20170604 JJZ)

在南方家私在豫北县开始投资建设之后,其重要决策者在与其

他企业家互动中频繁推介豫北县,这也是后期豫北县政府的招商引资比之前顺利的重要原因。

> 南方家私来了之后,我们这边就是说用最快的速度办理了所有的(手续)。就是我们服务非常好嘛啊,紧盯这个项目,服务啊(等)各方面都比较好。然后(南方家私董事长)自己就给我们起到了说客的作用。其实他也有私心啊,这几家都来了之后才好,你知道吧。他们肯定有竞争关系嘛,产品同类化还有对这个招工人的也有竞争。但是他们有合作的,你比如说需要提供沙发料啊,五金那啥东西呢。所以说他当时就很卖力地宣传,通过他的现身说法,然后全友他们就陆陆续续来了。(访谈记录20161102 LZR)

不仅如此,豫北县政府还通过四川家具协会与四川企业商会进行了接洽,依托商会进行招商推广:

> 关于加强与四川省家具进出口商会战略合作。会议认为,今年以来,四川省家具进出口商会依托行业和人脉优势,积极牵线搭桥,直接促成了全友、东金等全国知名品牌企业来清考察,并签下40亿元投资合同,从而成为我县以商招商、以外引外的重要载体。会议指出,加强与四川省家具进出口商会的合作,签署全面战略合作协议,不但有利于深化交流沟通,拓展合作领域,实现优势互补、共同发展,而且有助于我县的项目引进,做大做强家具产业,加快"中国中部家具商贸之都"的建设步伐。会议原则同意《豫北县人民政府四川省家具进出口商会战略合作协议》,同时要求县家具办根据会议讨论意见,进一步修改完善。(豫北县人民政府县长办公会议纪要20090528)

在政府与企业的互动过程中,地方政府的行动是企业决策的重要影响因素之一。中国企业家和中国企业在市场中往往并不敏感,市场要素对其而言也并非极为重要。在一些情况下,决策者个人的偏好有时甚至凌驾于市场之上。当然,地方政府的诚意也是企业之后制度保障的一部分,地方政府的诚意越大,企业可谈判的空间越大。豫北县政府与企业互动中注重建立社会"声誉",通过领导亲自招商、与企业家建立良好关系等方式,试图通过情感感化来博得企业决策者的好感,以此来争取企业投资。这种社会关系与组织关系互构方式,一方面可以使豫北县政府在市场中获取招商"声誉",另一方面也可以影响企业的决策过程。

> 首先给人家一个好的印象,这个投资有时候是理性的,有时候是感性的。我想到这来的时候,就因为你这个人我就坚定这个信心了。比如一个老板可以到这来,也可以到另外一个县去,那就是咋着感觉好,县城建得漂亮,这个地方看着舒服,跟这个人一接触,甚至一场酒一喝,感觉对脾气,这就来了。(访谈记录20170614 JJZ)

2012年4家大型川企落地豫北县,至此,豫北县的招商工作基本完成了第一阶段的任务,豫北县的家具产业开始起步。豫北县凭借信息沟通网络进入了市场中,成为真正意义上的市场行动主体。而且豫北县政府由此获得了政治领域的竞争优势,在产业集聚区竞争中脱颖而出,多次获得省市级表彰。

发展本地企业:非一致目标下的合作与分裂

豫北县政府在进行招商引资的同时,也在扶持本地小企业成长。豫北县政府落实了针对本地小企业的很多优惠政策,并在产业园内优先修建了专供小企业生产的标准化厂房。2010年,豫北县投资修建了 12.3 万平方米的标准化生产厂房,并给予"低门槛、低租金、零收费"的优惠政策鼓励小企业入驻生产。

在企业服务方面,保留了家具产业办公室来为企业服务。家具产业办公室成立于 2008 年,属于政府事业编制。同期共设有 5 个产业办公室,设立的初期目的是引导多个产业发展,以加快招商引资进度。在确立了主导产业发展目标后,其余产业办公室相继撤销,只留下家具产业办和食用菌产业办。家具产业办公室职能较广,凡是涉及家具产业的行政服务事务统归其管理。早期豫北县招商引资进度缓慢,而且招商引资主要由豫北县招商局负责。因此,在很长一段时间内,豫北县家具产业办公室主要与本地企业互动。豫北县家具产业办公室主任介绍说:

> 家具办给他们主要提供的服务主要是啥,就是带领企业到其他大企业那参观,到河北、河南的新乡郑州、到广州到上海包括到东北,带着他们看,让他们开拓一下视野、解放他们的思想。另外一方面,带他们参加各种展,看人家的新产品,而且这个展会里面一个是产品的展示,一个是产业链的展示。他们看到一些配件,比如说这个拉锁啥的,咱用的是 30 块,人家的 10 块,你可以去订货。另外去人家外地的经销商那,漯河啊啥的人家的物流往南边走。包括山西啊、河北山东啊,咱这的面在扩大。包括经销木材的、经销五金的、油漆的,咱就让他们对接,(比)他直接联系省钱。(访谈记录 2014004 SZR)

在豫北县政府的扶持下,本地中小企业有了一定的发展。在具有区位优势的国道两旁,一些家具企业兴建、扩大了生产规模,企业数量进一步增加。与之前相比,这些企业的销售范围也有了一定的扩大,并改变了传统坐商的销售模式。产品销售不再局限于本地及邻县,而是向周边 200 公里范围扩展。并主动与其他地区的家具专业销售门店联系,送货上门。而且,这些小企业开始重视品牌效应,纷纷为产品标起一个看上去"响亮"的名称。有一些生产规模较大的企业直接在销售地开设自有品牌专业门店,以提高品牌的影响力。在分工合作方面,豫北县小企业专业化趋势更加明显。为了提高生产效率,很多小企业开始只专注于一类家具产品的生产,并通过与其他企业的合作,在销售环节上整合彼此产品进而整体出售。例如,专门生产桌椅床具的小企业会在自己的销售门店合并出售其他企业的产品(沙发、衣柜等)。

虽然豫北县本地小企业已经有了一定的发展,但是从时间维度来看,其发展速度较为缓慢。从 09 年开始,一直到 2014 年,大部分企业仍然保留以往"前店后厂"作坊式的生产模式,工艺水平较低。在企业整合方面,豫北县小企业只实现了企业之间产品的合作销售,并没有意愿以合并的方式扩大企业规模。因此,豫北县规模以上的家具企业数量极少。而且,本地小企业并没有按照政府的规划建设,而是自发集中在主干道两旁。本地企业认为政府规划的家具园区远离道路不利于销售,且厂房不符合其当下的生产需求,没有意愿进入产业集聚区生产。综合而言,豫北县本地企业更多的是依循市场规律自行发展,政府的影响作用并不明显。

虽然豫北县投入了人力物力等资源以扶持本地小企业生长,但效果不佳。主要原因在于政府与小企业发展目标不一致,且政府无法强行干预企业自身的发展意愿。豫北县政府试图扶植小企业发展的目的在于,一是尽快使其扩大生产规模,拓宽销售市场,建立本地品牌;另外,将分散的小企业集中布局,符合产业园区规划。但是本地小企业以低端市场为主,产品销售具有固定性和季节性特点①。本

①　家具市场按照产品质量分为高中低三个等级,低端市场主要面向农村地区。农村地区购买家具产品一般与结婚嫁娶相关,具有季节性特点。比如,夏季较少,春秋季节较多。豫北县本地家具企业一般会选择性生产,避开农忙时期和夏季。

地小企业从以自身利益出发,不愿意为了扩大规模而背负市场风险和经济负担。本地小企业并不想按照政府的要求安排生产,而是坚持既有的发展形态,不追求速度和效率。本地小企业多为工匠经营,通过原始积累缓慢发展到现有阶段。这些企业经营主们的管理经验及管理意识都较为传统和保守,并非真正意义上的"企业家"。固守成规的经营主们比较抗拒走出经营舒适区,而且将政府给予的优惠政策视为政府对其的利用手段,并不配合。这些企业经营主多为农民出身,以往的经历使其对政府怀有极大的不信任感。豫北县政府的很多政策措施具有明显的目的性和指向性,容易激发企业主的抗拒心理,不仅不能使其发挥作用,而且容易适得其反。综上,多重因素叠加在一起,造成了很少有本地企业能达到豫北县政府原初的发展目标。

虽然豫北县政府仍然有意壮大本地企业,但在挫败中逐渐丧失信心,并且有意识将本地企业分级管理。豫北县政府筛选出了一些规模较大的本地企业来重点扶持,为其提供资金帮助,并引导其改变原有落后的生产方式。豫北县协助规模较大发展较好的几家本地龙头家具企业引入先进的生产工艺,提高其生产效率。而对一些产能落后且不愿按照规划建设生产的小企业转变了扶持方式,并撤销了针对小企业的一些优惠政策。由于产业集聚区规划土地有限,豫北县政府开始禁止本地小企业在原址上扩建,但允许其在园区内购买土地建设。在地价方面,将其纳入产业园整体政策之内,并未给予特殊优惠。鉴于本地小企业的转型升级情况不理想,豫北县尝试转变扶持方式,引导其作为大企业的子代工厂来融入大企业的生产网络中。豫北县政府认为:

> 这个地方的厂房都是政府投资建设的,建这些厂房的目的是为啥,那就是这些小家具企业想着扩大再生产。这个厂房我可以租给你,你去生产就行了。包括对面规划了占地 500 亩的

中小家具园,只要你有这个意愿,符合县里的规划和设计,你就可以在这建,建了你就可以在这生产,这是第一条,解决了他们的生产用地和发展的要求。第二个,出路问题,县政府和这几家(大)企业进行过沟通啦,这些企业对他们(小作坊)也开着口子呢。开什么样的口子呢?贴牌生产。比如说哪个小厂,你只要是能达到我们南方的质量要求,各方面都满足要求,我就给你下订单。你的产品没有销路了,没关系,我给你下订单,给我生产。比如这种样子的椅子,我需要三千套,你给我生产。只要是符合质量要求,我全都收走。(访谈记录 20140403 MZR)

但是豫北县政府这种超前意识并没有得到本地小企业的理解和支持。本地小企业满足于当下的发展状态,即使替大企业代工有更高的收益也不愿放弃自主经营权。而且,大企业工艺设备先进,本地小企业很难达到其生产标准。虽然豫北县政府一直尝试引导本地小企业转变思维跟随市场发展,但是面对既得利益,本地小企业并不接受豫北县政府的好意,而是与之背道而行。在多次尝试引导失败后,豫北县政府只能在严格限制其占有土地之外采取放任自流的态度对待本地小企业。之后,豫北县更加将产业转型升级的希望寄托于外来企业之上,将更多的优惠政策向其倾斜。

这种倾向性不仅增大了企业之间的差距,也间接导致了产业结构的调整。无论是生产层面还是销售层面,豫北县家具市场都经历了较大的变化。随着外来大企业的增多,豫北县本地企业数量所占比例逐渐减少,原有的优势也逐渐减弱。从产量和销售范围而言,本地企业远远落后于外来大企业,并且随着成本的增加,很多小企业逐渐退出生产市场,转变为销售代理商。因此,豫北县家具生产市场萎缩,销售市场增大。并且,豫北县家具生产市场由之前的以本地企业为主逐渐变为外来企业占据主导地位。从企业关系而言,虽然企业间没有太多的直接竞争,但也没有达成合作。这种隔离状态也是豫北县家具产业依旧保持原有的"只集不聚"状态的重要原因之一。豫北县家具产业呈现出一种分层差异式的结构,不同层次的企业依存性较小,差异性较大,彼此隔绝,互动较少。这种产业结构也对后续产业发展产生了重要的影响。

二、发展困难期:压力体制下的"理性"政府

产业打造过程中难免会遇到意外的市场风险,对地方政府而言,市场风险容易转化为地方政府官员的政治风险。因此,如何应对风险化解难题制定解决策略是其需要面对的问题。当产业打造面临已知困难,或发展形势较差,地方政府往往倾向于转换目标。尤其是随着官员的调动,新接手的政府主要决策者往往会有制定新的产业政策的意愿(李敢,2017;刘军强,2017)。因此,产业打造行动不仅有外部的风险也有内部风险。本节主要关注产业打造困难期间豫北县政府如何选择并脱困的。

产业发展的低谷期

2012 年下半年之后,随着国家对房地产的宏观调控实施,房地产行业增速放缓,国内房地产产业进入了发展低迷时期。房地产市场的冲击很快蔓延到家具产业,整体下沉的行业走向影响了很多家具企业的生产销售,国内家具市场较之前收紧。市场的紧缩影响了很多企业已定的扩张计划,很多投资项目都中断了。豫北县的招商引资行动受到了很大的影响。之前已签约的很多企业纷纷取消了投资设厂的原定计划,并没有落地建设。已经开工建设的企业也放缓了建设进度,处于观望犹豫期。圈地面积较广的几家大企业中,除了已经建设完毕的南方家私,其他几家开工建设的进度非常缓慢。尤其是全友家居,圈地 2 年后才开始开工建设。已经投产的企业也受到了市场的极大冲击,产量缩减了三分之一。不仅如此,豫北县后续招商引资尤

为困难,几乎很难找到合适的家具制造类企业来豫北县投资设厂。

> 南方家私的老板在(四川)那边赚钱,在这边赔着呢,赔得最狠的是实木家具。其实他想撤呢,县里面现在不让他撤。因为啥? 县里面把地圈起来,厂还没招过来多少呢。给他提供土地,让他盖厂房,头三年免税。县里面投入这么多,还没收回来呢。全友刚开始都不想来,圈地圈了多长时间啊都没动工,这才盖啊。(访谈记录 20141006 ZZB)

> 后来双虎、好风景生产也不是太正常,产产停停。他们在开始建的时候呢,是形势最好的时候,基本上是房地产形势最好的。所以他们家具这一块也是形势最好的。但他们开始生产的时候,订单一下子滑下来了,销量也收到影响。咱们整个招商也受到一些影响,一些在谈的项目也打水漂了,经历了一个低潮期。特别是 14 年、15 年家具产业这一块基本上就没有新的项目落地。(访谈记录 20161102 LZR)

不仅如此,来自中央政策的压力也不利于豫北县后续政策的实施。十八大以来,为了制止地方政府之间在招商引资上的恶性竞争,防止国家资源浪费,国家在政策方面缩紧,不再允许地方政府以招商引资为由滥用土地税收等优惠政策。优惠政策的限制,使得豫北县政府招商引资的自主性减弱,行动受到较大局限。另一方面,随着国家对耕地监控严格化,作为粮食生产大县的豫北县受到了额外关注。因为被发现在耕地上有违章建筑,豫北县政府还被河南省国土资源厅通报批评。土地问题也成为限制豫北县工业发展的重要因素。一方面,外来企业大面积圈地,造成产业集聚区内可用土地较少。另一方面,国家严格管制土地性质改变,严守耕地红线,豫北县后备工业用地资源不足。

在市场和制度的限制下,豫北县政府在家具产业发展方面进入了低谷阶段。落地的大企业效益不佳，生产动力不足。后续招商竞争难度增大，几乎陷入停滞。很长一段时间，豫北县家具园一直停留在只有外墙、大招牌以及分散的厂房的状态。这种情形一方面会造成落地企业对发展前景的消极态度，一方面也会影响后续企业的落地意愿。反映在豫北县政府工作报告中，即连续 3 年对家具产业方面的工作目标规划比例减少，且大部分都是对已有企业的项目推进。

就产业自身而言，龙头企业带动效力不足，并没有产生集聚效应。落地的大企业属于总公司旗下的分厂，无论是生产原料调配还是销售额分配，都归总公司直接管理。这些企业都属于内部自成一体的企业，有固定的供应商，没有关联其他企业的迫切需求。这些企业的落地虽然产生了一定的口碑效应，提高了豫北县家具产业的知名度，但并没有构成足够的集聚效应。本地企业发展进度缓慢，生产力低下，难有转型之势。

就豫北县政府而言，家具产业的市场风险可能会带来金融风险和政治风险。为吸引外来企业入驻，豫北县政府每年投入大量资金用以建设产业集聚区的厂房及水电等基础设施。截止到 2013 年豫北县政府已经在产业集聚区建设上累计投资了 9.4 亿，比 2011 年与 2012 年财政收入的总和还多。这些资金有些是利用政策寻求上级政府的财政支持，比如利用国家道路修建补贴，但更多的是豫北县政府自行筹备。豫北县政府财政收入有限，不能用于大数额的投资项目，因此只能通过借贷的渠道进行融资。豫北县不仅依托财政局成立了专门基建投资公司用以集中民间金融资本进行投资建设，而且通过银行进行贷款和政府举债。豫北县政府在产业集聚区建设上背负了很多债务，家具市场的萎靡则会增加豫北县的金融风险。另一方面，家具产业的危机会增加豫北县政府的政治风险。家具产业作为豫北县的主导产业承载了豫北县产业结构优化、工业化等发展希望，一旦出现危机，会直接反应在经济发展增速减缓等各个方面，不利于豫北县政府的考核。无论是省政府还是市政府，产业集聚区都是重要的考核项。河南省政府专门出台了《河南省产业集聚区发展考核办法》,将产业集聚区列为单项进行考核对比排名(具体指标如表4.1所示)。豫北县所在的市级政府则将对产业集聚区发展的考核多样化地融入到各种制度中。

　　＊＊市多次举行"对手赛、擂台赛、挑战赛"等活动,对获胜的县区进行财政奖励。每周召开由市委主要领导主持的重点项目调度会,专题研究产业集聚区重点项目建设遇到的问题,并建立重点项目推进台账,用来明确责任单位、责任人、时间节点、进展情况、结果认定等内容。而且规定必须定期通报重点项目进展情况,对进展缓慢、停工等项目的责任单位和责任人进行问责,有力地确保了重大项目建设顺利推进。实行"月例会、季观摩、年评比"工作制度,提高产业集聚区建设在县级领导班子年终考评所占的分值。(市政府产业集聚区发展报告2012)

表4.1　河南省产业集聚区发展考核指标体系指标单位权重

指标		权重
一、经济总量(20)	1. 企业(单位)营业收入(万元)	20
二、经济社会效益(25)	2. 税收收入(万元)	15
	3. 企业(单位)从业人数(人)	10
三、发展质量(25)	4. 投资强度(万元/万平方米)	15
	5. 万元规模以上工业总产值能耗降低率(%)	5
	6. 单位土地使用面积二氧化硫排放量、化学需氧量排放量(吨/万平方米)	5
四、建设进度(20)	7. 当年新增建成区面积(万平方米)	20
五、科技创新(10)	8. 高新技术企业营业收入占集聚区营业收入比重(%)	10

困难期的选择：内生因素与外生因素作用下的坚持

成功的产业打造一般是从无到有,由弱到强的过程。产业打造概念的提出到产业后续发展,在不同阶段会有不同的问题。前期可能面对起步困难,中期可能面临更多的市场阻碍。政府着手打造产业则会面对更大的风险和压力,以行政角色参与市场经济运作中,其行动受双重结构因素制约。面对经济发展困境,尤其是具体的经济问题,地方政府从政绩、晋升等角度出发一般都会做出针对性调整,并不局限于之前经济政策。有研究表明,地方政府主要官员的流动对经济有着负向影响(蒋德权、姜国华、陈冬华,2015)。新上任的官员倾向于建构新产业来获得更大的政治绩效,因此地方政府在不同时期会更换产业来吸引更多的政治目光。地方经济多出现特色产业、明星产业等。新产业代表一种新的经济发展理念,其概念的提出就已经具有部分政治效应。而县级政府的主要决策者(县长、县委书记)在任时间较短、流动性较强,其主要任期一般不超过一届。从政绩角度而言,县级政府的主要官员更倾向于在短时期内争取更多的资源,以达到快速晋升的目的。因此,面对前任政府遗留下的问题和风险,县级政府决策者会在政治风险的压力下选择更改原有产业政策,以减少风险负担。冯猛(2014)和刘军强(2017)都发现很多地区的产业打造目标频繁变更都与地方政府主要官员调整有关。产业目标调整对地方政府而言是一种创新行为,这种创新行为会为地方政府官员增加晋升绩效。因此,地方政府有较强的动力去进行产业目标调整。

河南省很多产业集聚区在后期发展过程中同样出现了各种发展困难现象,部分县区改变了原初方案,重新制定了新的主导产业政策。根据河南省政府的相关统计数据,原初180家产业集聚区有三分之一都更改了原定主导产业。而且,豫北县的临县就在产业打造不良的情况下变更了主导产业,由原来的医用材料产业变为了新能源产业。面对市场危机和政治风险,豫北县政府并没有选择更新方案,而是继续执行原初长期发展规划。新继任的县政府主要决策者根据当下经济情况,仍有意愿积极地进行家具产业打造。豫北县政府在困境中坚持的原因可以从内生因素和外生因素的角度来分析。

从内生因素而言,首先,豫北县产业集聚区基础设施建设已经大致建成,区内规划大致成型。区内主要道路、水电等已经基本完成,并且按照原有规划落实。作为载体的产业集聚区是产业发展依托的基础空间,在已有基础上改变产业方向,不利于之后的发展。虽然豫北县家具产业面临困难的发展境况,如签约企业毁约较多,招商引资难度加大,已落地企业项目面临较大的进度拖延等。但是豫北县政府在前期发展阶段已初步积累了一定的成果,招引了几个具有明显影响效应的大型企业,同时这些显著的成效为产业集聚区带来了一系列的荣誉,如在 2010 年曾获得全市集聚区观摩活动"三连冠",全省集聚区 30 强等。这些产业基础为豫北县政府继续发展家具产业增加了一定的信心,并认为可以克服短时期内的发展困难。

> (咱们现在)确实比周边发展得好。你比如＊＊县,他就没有主导产业。他原来就没有我们发展得好,因为咱们一直都是家居食品,就是没有这些新来的厂子,原来的全友、双虎也撑一气,至少占着几千亩地呢。原来几个省委书记都来过,也撑不少门面,其他县都不行,目前势头最好的就是咱们。没有一个地方,在河南都找不出几个我们这有几千亩土地都在搞建设的,这有的很少。(访谈记录 20161104 LZR)

其次,从决策者的角度而言,以经济为中心的发展理念不可动摇,如何发展终究是决策者需要解决的问题,那么否决一项政策的同时也要提出一项政策。如何在现有情况下,提出一个更好的发展方向并不是一个十分容易的问题。同时,改变主导产业布局是一个涉及多部门利益的问题,这些部门的意见对最终决策产生一定的影响作用。产业打造是多部门协同合作的过程,作为执行层的政府各部门,在产业政策实践中积累了经验,很多部门领导曾经参与其中,熟悉其相关业务。在政府进行产业决策时,这些部门也会依据现有情况提出支持建议或反对建议。

　　我给你这个建议,你认为可行就按这个走,你要是认为不行你可以找其他的路。中间也不是没有过啊,卢书记在任的时候就不认可这个事情,这个家具能做出什么名堂啊。你可以不认可,但是你得带来变化。不发展家具做食品,可以啊,你把全国知名的企业带过来。如果咱们现在引进的是100家食品企业,可能就把家具盖过去了。如果食品产业能做大,或者环保产业能做大,再或者说比如武汉的东风汽车制造厂一样,你弄过来一个汽车制造厂,弄过了一个飞机零件制造厂,投入几十几百个亿,带来几万人的就业,这不是大功一件么,你能做到吗? 比如,你过来当这个县长,你不能盲目地说以前他干啥我就不干啥,你不干啥可以,但是你得找出来一条路。结果人家趟出来一条路,你不走,不是说这条路更宽更远,而是另辟蹊径。这个路可能是康庄大道,但是也很可能是沼泽滩,进去就出不来了。这样的例子不是没有,可以说比比皆是。在河南,就这个产业集聚区来说,得有几十个县城的集聚区不成型,甚至连个像样的企业都挑不出来。你不认可可以,可以发展别的,但是工业是必须发展的。我们哪都不靠近,所以发展不了第三产业。你比如说靠近郑州,靠近一个大型城市。这些省会城市周边三产都很发达,休闲娱乐,如果你有这些也行,如果你有一些文化资源啊、名胜古迹什么的,发展这些也行,谁愿意发展工业啊,这些东西能生钱多好啊,又不污染税收又高。不具备这样的条件。卢书记不认可,结果你弄不成,装备制造你弄成了啊? 食品大品牌企业人家都布局完成了,人家也不来。所以说最后还是弄家具。一个地方的产业啊,不是三年五年形成的,也不是一朝一夕。(访谈记录 20170406 JJZ)

从外生因素而言,豫北县主导产业在河南省内独树一帜,受到省级政府额外的关注和支持。由于在发展前期取得了显著的成绩,河南省政府主要领导官员多次前往视察,并高度肯定了豫北县主导产业明晰,成绩突出。来自省级政府和市级政府的荣誉一方面是对豫北县家具产业的支持和肯定,另一方面这种关注也起到了对地方政府的监督作用,加大了更换主导产业难度。在此基础上,豫北县政府更换主导产业的可能性较小。

因为当时经过反正有些认知感觉咱进口的主导产业从一开始到现在就坚持得比较好,尤其是家具产业,你从一开始其实他所以说有基础,但是咱也知道这个基础非常薄弱,但是现在规模跟咱规模就相当的,或者说一直有咱现在这种成就的县是不多,好多县它在不停地规划,不停地换主导产业,这个逻辑咱都清楚了,那就是来一个新的都还想要创新。(访谈记录 20220707 JXZ)

其次,从行政结构而言,豫北县原主要决策官员仍对现有决策具有影响效应。豫北县政府参与家具产业打造的主要官员均有不同程度的晋升,原县长晋升为副市长,原产业园主任晋升为县工信局局长等。在条条块块的行政结构下,上级政府对下级政府有领导权和建议权。在新一届政府决策过程中,由于受上级政府领导的制约,对产业政策的制定更趋向于保守而非求变。为了避免上级政府追责,即使面对已有危机,也会尽力补救,而非转而求其他。

其实现在一任领导有一任理念,这是啥啊,有领导去做这个事了,而且这个领导往上升了。你像＊＊(原县长)现在是市委常委,市决策层13个人之一。你比如说现在的县长说我不要家具产业园了,他往上报的时候,你看看＊＊肯定投反对票。(20141006 SYY)

15年有些县长想换产业,家具产业、低端产业,税收提产业近期他就要负责的东西,但是这个里边尤其在这边一个县城,你没有交通优势,能形成一个产业,这是很不容易的,也是你前期的领导坚持下来去推这个事,然后才走到这一步。但是如果你要是轻易否认他,如果没一个替代产业,你就否认不了,没有替代能力,结果弄完了开始检查,一下他否认不了。(访谈记录20220707 JXZ)

面对低迷的发展现实,如何应对现有困难是豫北县政府需要面对的主要问题。在不变更产业发展计划的前提下,对发展路径进行策略性调整是针对现有困难的一种解决方式。鉴于产业打造具有双重属性——经济属性和政治属性,豫北县政府对于家具产业的调整行动可以从市场和政治两个方向进行分析。

市场目标调整

产业打造行动受市场形塑,作为主要行动者的地方政府必须直接面对经济场域中的复杂形势及多变的状态。市场不会按照既定的设想发展,随着产业打造阶段性深入,地方政府更加明确地参与到市场中,以一个管理者的身份对产业发展进行前瞻式布局。虽然在市场中,地方政府看似与企业一样计算成本与收益,但从利益范围而言,地方政府的市场管理者角色与企业管理者角色不同,前者更在意整体效果,而后者更在意个体利润。地方政府以产业作为干预对象,企业只是产业的组成部分。因此其更关心产业整体趋势是否向好,是否有利于今后的集聚式发展。相对而言,个体企业的发展并不在地方政府的考虑范围内,或者说地方政府并不干预企业的自身发展。当然,由于一些重要企业在产业中占有比重较大,对产业整体影响较大,地方政府也会将其列为重点关注对象进行扶持。

地方政府的市场管理者角色赋予了其调整产业的权力,但这种权力受限于市场场域中,并且只能通过对市场行动主体的调节来进行干预。同时,地方政府也是行政管理者,其能调配的资源主要集中在行政领域,因此,地方政府需将行政资源转化为市场资源来参与市场的建构中,而且这种转化主要在主管招商的部门中进行。以豫北县为例,豫北县招商局在主导产业打造中起重要作用。豫北县政府会安排一个副县长直接与招商局对接,参与到招商局日常活动中。通过招商部门与企业对接,将行政资源转化为可利用的市场资源,从而参与市场的发展。产业调整同样依托招商部门进行,产业布局调整主要是企业调整,不同企业的引入对产业结构调整有着直接影响作用。

针对已签约大企业只圈地不开工建设的现象以及引入企业同质性强,互相之间竞争性较大的特点,豫北县政府尝试从调整招引企业类型着手,以期改变不利的市场发展状态。豫北县在之前的招商引资过程中以有规模效应的大企业为主,重点引入投资较多口碑效应明显的家具企业。但是这些企业已经发展成熟,可以自行独立生产,对周边企业的带动效应较差,距离豫北县政府最初制定的"集聚"目标尚远。而且,这些企业往往形成一家独大的现象,不仅造成了产业结构上的割裂,而且容易带来较大的经济风险。如果单以这些大企业为主,缺乏小企业的支撑基础,一旦这些大企业破产倒闭,豫北县的家具产业打造很大概率有失败的后果。据此,豫北县政府调整之后的市场发展目标,寻求更多不同类别的中小型企业落地集聚区。

下一步咱们面临的困难就是多渠道招商,不能光招川企了。

川企他们的产品大部分都是同质化比较严重,南方、全友、双虎包括好风景大部分都是板式的。你像东北的那些实木家具,现在还没有落户。像广东那边更高端一点的,现在我们还没跟那边接上头。现在谈的一个是河北的蓝鸟,也是北方比较大的一个家具企业。还有一个是华日,也是一个比较大的企业。前两天黄河祭祖大会上,咱们县领导也跟他们的老总见上面了,也谈了这个合作意向了。(访谈记录 20140403 MZR)

(当时的领导)都在思考这个问题,怎么样才能再叫它(家具产业)辉煌起来。现在就这四家(大企业)再加上本地的一些企业不能形成一个(产业),只能说现在是一个集中地方,不能形成一个产业。因为一个产业是一个链条,既有上游企业,也有下属企业,还有中间连贯企业,这样才能形成一个产业。所以说这几家企业很难形成一个产业。所以我们还是考虑,就是说,下一步的发展。(访谈记录 20161104 LZR)

这种短时期的市场目标调整一方面是在市场危机之后的一种自我保护,另一方面也是为产业的未来发展做准备。在总体目标不变的条件下,阶段性的决策变更既是应对当下困难的需要,也是达到既定目标的必要路径。正是由于豫北县政府对市场目标的调整,将招商引资方向转移,才在之后的承接京津冀产业转移中获得关键的市场机会。此问题将在下一章进行重点分析,在此不赘述。

政治目标调整

就产业打造的政治意义而言,产业打造是豫北县政府政治绩效的重要载体。作为行政主体,豫北县政府在面对产业打造困境时,不仅要应对市场危机,也要兼顾由此造成的政治绩效缩减的风险。经济建设是地方政府的主要任务,在针对地方政府的考核中,经济发展目标是否完成是重要的考核项。以豫北县 2016 年的考核为例(如表

4.2 所示),在针对县区年度责任目标执行情况考核表中,5 大项中,关于经济发展占其中 2 项,并且将产业集聚区的发展单列为一项①。由此可见,产业发展对地方政府具有重要影响。如何在市场不景气的情况下,保证整体经济的向上发展,是豫北县政府亟待解决的政治问题。

表 4.2　豫北县 2016 年度责任目标执行情况考核表(部分)

目标项目		目标项目及要求	自查自报			主管部门认定			评价	
大项	子项		实际完成	占目标%	超或低目标百分点	实际完成	占目标%	超或低目标百分点	基分	得分
经济规模质量效益目标	1	地区生产总值增长 10%								
	2	第三产业增加值增长 11%								
		第三产业增加值占生产总值的比重为 25%								
	3	规模以上工业企业增加值增长 15%								
	4	固定资产投资增长 20%								
	5	一般公共预算收入增长 10%								
	6	国税部门组织的地方税收完成 3611 万元								
	7	地税部门组织的地方税收完成 32656 万元								
	8	社会消费品零售总额增长 13%								

① 表 4.2 只是截选了考核表中的一部分,完整表格见附录。

目标项目		目标项目及要求	自查自报			主管部门认定			评价	
大项	子项		实际完成	占目标%	超或低目标百分点	实际完成	占目标%	超或低目标百分点	基分	得分
	9	实际利用外资 8195 万美元								
	10	引进省外资金 26.89 亿元								
	11	外贸出口总额 4205 万美元								
经济规模质量效益目标	12	高新技术产业增加值增长 21%								
		高新技术产业增加值占规模以上工业增加值比重为 17.1%								
	13	产业集聚区完成固定资产投资 148 亿元,增长 17.4%								
	14	主营业务收入 235 亿元,增长 9.3%								
		完成市级以上确定的各类重点建设项目								
		………								

　　上级政府对下级政府的考核通常以量化指标的形式进行,这种量化考核通过数据统计等科学方式来测量下级政府的任务完成情况。这种考核方式一方面具有一定的标准性、可操作性和公平性,但另一方面也为下级政府“依项治理”的自主性提供了可能。而且,上级政府的考核并不能细化到细枝末节,也使下级政府更易“活动”。

依据上级政府制定的考核内容,下级政府往往可以通过对单项的自主调整来达到整体考核的通过。以豫北县产业集聚区为例,市级政府针对豫北县产业集聚区是整体考核,并不单个考核各个主导产业的发展情况。因此,为了应对上级政府的考核,豫北县政府在家具产业发展滞后的状态下,策略性地增强了食品加工产业和基础设施建设方面的发展。

豫北县政府在最初规划主导产业时,将食品加工产业列在其中即有抵御风险之意。食品加工产业具有传统优势,并且具备较强的稳定性。虽然豫北县政府在之前对食品加工产业也很重视,但相较于家具产业而言,尤其是在家具产业发展较好的阶段,豫北县政府在食品加工产业上投入很少。家具产业的危机促使豫北县政府将发展重点转向了食品企业,试图通过食品企业的发展来弥补家具企业的落差。在招商引资上,豫北县政府以食品加工企业的引入为主,并取得了一定的成果。在13年、14年签约了2家大型食品企业和十几家中小型食品企业。将工作重心转向食品加工产业,更多是从行政任务考虑,而非经济效益。食品加工产业较家具产业而言有一定的原料优势,但在之前的分析中也提到,食品加工产业更有发展局限性。就河南省整体投资环境而言,豫北县引入食品加工企业并没有更多的优势,竞争很激烈。而且,很多大型食品加工企业已经在全国范围内布局完成,引入难度极大。豫北县引入的两家大型食品加工企业是周边新兴企业,而非全国知名企业。这种情况下,豫北县主要出于完成整体产业集聚区考核任务的目的来侧重引入食品加工企业,而非由于食品加工具有市场优势。

另一方面,豫北县政府继续进一步加强产业集聚区内的基础设施建设。虽然豫北县产业区内的硬件设施基本趋于完备,不影响后续企业落户,而且追加投资会增加豫北县政府的财政负担,豫北县政府依然没有停止对产业区基础设施的投入。在此期间,豫北县政府继续推进产业区内道路建设、污水厂建设等,并且完成了河南省家具质量检测中心的建设。产业区基础设施建设是对产业区发展考核的组成部分,豫北县政府对基础设施的追加投资也会转化为产业区的整体绩效。虽然,豫北县政府为此承担了较重的金融负担,但这种负担并不会产生更大的影响。正如招商局长所言:

> 前期发展慢为啥,那是胆小,不敢举债。好多地方人家就是举债,就是要国家的项目。在中国,政府不能倒闭,关不了门。首先公务员这个是国家养着的,你债再多,能发工资,部门就能运转。另外,到一定程度以后,比如银行,国家就会化解了。当然,好多钱是需要还的。(访谈记录 20161004 JJZ)

这种投资建设一方面增加了地方政府的业绩,有利于更好的完成上级下达的任务,另一方面也为之后的招商引资提供了条件。

> 现在你也看到南边不是正在修几条路吗,修路的目的是什么呢,就是为了承接新的家具企业签约以后的入驻。现在从基础设施建设这一块已经先走到了前面。未雨绸缪呗。(访谈记录 20140403 MZR)

另外,豫北县政府通过产业区建设来塑造良好的政治形象,以此获得上级政府的认可。产业区建设一方面是为企业服务,一方面也是政府对外的宣传依据。基本建设是地方经济发展的显性展示,也是影响"主观考核"的潜在因素。产业集聚区是河南省新一届政府提出的发展理念,也是河南省政府重点发展的项目。具有示范效应的产业集聚区会成为省政府重点关注的对象,从而获得更多的财政支持和政治绩效。如何在众多产业区中脱颖而出,不仅需要有经济实力,也需要做好对外宣传,而产业区的建设本身即负有宣传作用。在尽力完成政治性的经济任务的同时,豫北县政府也在积极扩大对外宣传,提高影响力。豫北县政府通过承接各种参观、调研活动来向上级政府展示已有成果,以此获得更多的政治认可。

> 获得全市产业集聚区、城镇化和基础设施建设观摩、全市三项重点工作集中攻坚行动观摩三次"对手赛"、一次"挑战赛"的胜利,全市工业强市竞赛活动"对手赛"的胜利;家具产业园荣获2013中国家具行业年度杰出贡献奖;我县与中国家具协会达成共建"中国家具行业特色园区"战略合作意向,被省政府确定为全省家居产业三个重要布点之一。县产业集聚区代表全市迎接省观摩,并在全省产业集聚区观摩现场会上介绍工作经验;被评为河南省最具投资法治环境产业集聚区、河南省板式家具知名品牌创建示范区。获得全市观摩考核两次"挑战赛"、两次"对手赛"胜利,县(区)科学发展综合考评进入前三名。县产业集聚区被评为"河南省最具竞争力产业集群金星奖"。圆满承办了2015中国中部家居之都—乒乓球世界冠军挑战赛。(豫北县政府工作报告)

这些对外宣传展示活动不仅增加了豫北县政府的政治影响力,也将家具产业发展停滞造成的政治风险降到了最低。而且,这种影响力为其带来了切实的收益——正是由于对自身的宣传,并且得到了省政府的认可,豫北县得以在河南省家具质量检测中心的申请中成功击败其他竞争者,取得最后的建设权。通过具体项目的建设,政治收益转化为市场优势,从而使豫北县的市场竞争力提高。

三、小结

产业打造是一个漫长而曲折的过程,尤其是以政府干预为主的产业打造更易遭受市场的冲击。政府作为独立于市场之外的行政组织,对市场规律的把握有限,更多是以政治逻辑带入经济建设中。因此,产业打造中出现挫折和失败都是正常的现象。在以往的研究中,学者多从产业发展较好的案例中总结经验,而较少分析产业发展遭受挫折或失败的原因及之后的应对机制。本节主要从产业打造过程中的困境阶段着手,尝试找寻产业打造遇到困难的原因和在此背景下地方政府的行动逻辑。

在规模优先的行动逻辑之下的豫北县政府试图通过寻求规模以上的大企业入驻来促进产业的发展。但是地方政府是独立于市场之外的组织,与市场没有直接的联系。地方政府干预产业发展也意味着地方政府要参与市场中,并且成为主要的市场行动者。如何建构与市场的直接联系,以便获取市场信息,达到互通有无是政府需要完成的第一个市场任务。尤其是在地方政府需要获得外部资本支持来打造产业初期,获得有效的市场信息可以增加地方政府与企业联系的机会,并可以在同级政府竞争中取得优势。在寻找市场机遇的过程中,地方政府往往需要通过"中介"来达到目的。在豫北县政府打造产业过程中,协会和企业充当了中介作用。协会、商会是介于企业与政府间的联接组织,其桥梁作用可以减少很多交易成本,为双方提供合作的机会。豫北县政府正是通过与家具协会的对接,来获得了有效的市场信息和机会,从而与有意向进行扩张的企业接洽。在豫北县政府与企业联系的过程中,家具协会、商会等起到了重要的促进作用,是促成二者合作的重要因素。在与企业达成协议之后,已签约的企业又充当了政府的"说客",带动了其他企业的加入。在这一过程中,地方政府一直处于主动位置,积极组织和参与与中介、企业的互动,展示合作的诚意,以达到既定目的。豫北县政府利用市场中介和良好的社会沟通模式建构了顺畅的市场信息联通渠道,通过市场信息机制的建立获取市场信息资源,为招商引资行动创造了条件。

虽然地方政府积极干预产业打造过程,为产业发展带来了一定的有利条件,但同时由于制度环境的改变,产业本身也发生了变化。

招商引资的成功也造成了产业结构的变迁,外来大企业的引入并未与本地企业形成良性互动,而是彼此隔离。而且,由于地方政府与本地小企业的发展目标不一致,造成了本地小企业与政府合作破灭。地方政府更倾向于与目标一致的外来大企业合作,并为其提供更有利于发展的制度条件。这种具有倾向性的产业政策使本地小企业的优势更加减少,并产生了差异性的产业结构。大企业占据绝对有利的中心位置,并与小企业相对隔离,联系较少。小企业越来越边缘化,并改变了原初的经营方式。

相较于自发形成的产业集聚结构,由政府主导的产业结构更为脆弱和易变,尤其是在市场动荡时期,后者更容易陷入危机之中。由于抗风险能力较弱,由政府干预引入的外来企业很容易就市场的变化而改变原初的计划,而依赖大企业引领发展的地方政府也由此陷入多重危机中。从四川家具企业引入过程就可以看出,豫北县的家具产业集聚并非市场选择的结果,而是人为干预的。在中国制度环境中,市场并非是决策的决定性影响因素,政策、土地等因素同样具有重要意义。这也是政府与企业达成合作的基础。在产业打造困难阶段,地方政府并未因危机而改变发展计划,而是通过策略性的目标调整来克服危机,坚持原初目标。其背后有内生因素和外生因素共同起作用。一方面,前期的成本投入和内部决策建议使地方政府很难轻易放弃原初产业政策;另一方面,受行政结构约束的地方政府在决策过程中也要受上级政府的监督和制约。两方面因素叠加,使豫北县政府在面对发展困境也依然坚持了原初的产业发展目标。

在坚持既定的宏观发展目标不变的前提下,如何解决当下的困局也是地方政府需要面对的任务。在现有的发展条件下,豫北县政府策略性地进行了目标调整,将不可控的市场风险转化为相对可控的政治风险。在市场目标方面,豫北县政府根据当下的产业结构和企业发展形势,调整了引入企业目标类型,多元化地招引家具企业,从而降低同质企业的恶意竞争,以建构更加稳固的产业结构。对地方政府而言,市场危机带来的政治危机同样是重要的影响因素。但相对于情况不明的市场风险而言,所谓的政治风险尚有章可循。如何在经济情况不良的情况下完成上级政府下达的经济任务,通过指标考核是地方政府需要解决的关键问题。因此,豫北县政府采取增强食品加工产业和产业区基础设施建设等手段来弥补家具产业的经济任务。另一方面,豫北县政府大力宣传已有的产业成果,提高政治影响力以降低政治风险。

豫北县政府的行动在这一阶段主要受到市场和国家的影响,在应对危机过程中,其自主能力进一步提升。在参与打造产业的具体过程中,豫北县政府更加积极地参与市场,并在此期间不断提升了对市场的认知,增强了与市场的联接。豫北县政府通过招商引资和基础设施建设等行动将行政资源转化为市场资源,从而将自主能力范围扩大到了市场中。这一过程中,豫北县政府呈现出的“政府企业家”意识也是其自主性意识增加的体现。而这种意识也带动其决策更符合市场行动者角色。

第五章 产业发展的机遇转化逻辑

市场发展过程中,经常出现利用看似偶然的政策机遇来进行快速扩张的情况。这些偶然的政策机遇往往会带来很多资源,伴随资源转化为效益,对产业发展带来意外的政策结果。但是,为什么在同样的机遇面前,有的地方政府获得了发展,有的却没有抓住发展机遇呢?政策机遇又何以转化为发展机遇?以机遇换发展,是利益的时间性和空间性问题。不确定的政策机遇是短期利益与长期利益的不平衡博弈,同时也是空间利益的挑战。政策机遇是政治场域中利益体现,而产业发展主要体现了经济场域利益。利益的时空转化机制何以发生?从豫北县的发展来看,坚持目标优先逻辑的豫北县政府将政策机遇有效地转化为产业发展效益背后是由其高效运作的组织动员机制所支撑。作为产业打造主体的豫北县政府一直积极与市场接触,并利用激励机制和监督机制进行组织动员以满足机遇下快速发展需求。本章主要关注地方政府如何将政策机遇转换成产业发展机遇和如何进行行政资源配置的问题。同时本章也对地方政府的行动进行了归纳,主要从市场变迁来探讨政企关系的变化。

一、目标优先的政治动员逻辑

我国市场经济转型的过程并非是一个均衡发展的过程。由于各地区基础条件和环境差异,中国的经济呈现出不平衡的发展态势。

总体而言,东部发展较快,中西部发展较慢。东部地区经过三十多年的发展,产业及市场水平提升到了一定程度,亟须产业的转型升级。随着产业转型升级完成,东部地区的落后产能遭到淘汰。而且,东部地区的企业用工用地成本增加,很多企业试图通过地区转移来维持现有生产。这样的地区性迁移动力为中西部地区提供了承接东部产业转移的市场机遇。在短时期内有大量的资源进入市场,为中西部地区带来了快速发展的市场红利期。很多地方政府都有较大意愿利用此次市场机遇促进本地经济发展,但并非所有有意愿的地方政府都可以把握机会。能否把握机会很大程度上取决于地方政府自主能力,尤其是地方政府进行行政资源配置的能力。在政府组织中,担任行政决策的领导层在制定了产业政策后,需要下属机构执行。从决策到执行,往往会存在"监督漏洞"。如何克服这种"监督漏洞",保证政策实施到位,并且在短时间内达到预期目标是地方政府需要解决的问题。

在中国目前的权威体制结构中,政府进行行政动员来"集中力量干大事"是常见的现象。集权式的政治结构是自上而下的行政动员的制度化保障,上级政府通常会运用各种激励制度来刺激下级政府全力投入到任务的完成中。这种利用资源集中作用于"重大事件"的模式,虽然有效但难以长期维持,只适合在短期内完成紧迫的任务,且容易造成资源的浪费。另外,在限制了地方政府的寻租行为之后,没有了额外的利益激励的地方政府也往往会倾向于采取消极的态度"应付"上级交付的任务。如何在现有条件下,尽可能地避免"有组织的不负责"现象出现,也是当下政府非常重视的问题。本节主要就地方政府如何保持较高的工作效率做尝试性分析。通过对豫北县政府在产业快速发展期的组织动员的考察,试图探讨组织内部的凝聚力和积极性如何通过制度化机制稳定下来的。

产业打造既受市场环境和制度环境等必然因素影响,也离不开偶然机会的推动作用。无论是市场还是政策往往会产生意外的变化,而这种变化则会为产业发展带来一定的机会。虽然这种偶然性难以把握,但却往往在历史进程中起关键作用。在正视偶然因素的重要性的同时,主要寻求其背后的必然机制。

产业快速发展

在经历了市场低迷发展期后,豫北县家具产业得到了市场和政策的双重机遇,从而实现了快速发展。从市场方面而言,自 2015 年下半年开始,随着房地产市场的新一轮的扩张,家具产业也迎来了发展机遇。豫北县原有签约落地企业开始开工建设,并相继投产运行。豫北县家具产业开始走出原有的发展困境,迎来了新一轮的产业发展。

不仅如此,在政策方面,豫北县也得到了产业转移机会。2016 年京津冀地区为了强化首都功能,整治环境污染,开展了淘汰落后产能产业,疏解非首都功能企业的行动。不少依赖资源、劳动力的产业和相关企业被强制要求在一定时间内搬离京津冀地区。虽然看似是为了环保和北京地区的产业升级,实际上有政策上的压力。中央政府严格限制北京、上海等超大型城市的人口规模。而且,随着雄安新区的规划确立,河北周边地区也成为了企业的搬迁禁地。

这样的政策性行动为京津冀周边地区的经济发展带来了政策福利,使其可以通过承接京津冀地区的产业转移来实现经济增长。虽然这种政策性机会可以带来很多红利,但是地方政府之间仍然存在极大的竞争关系。很多地方政府都有承接企业转移的意愿,尤其是产业、经济发展较为落后的地区更试图通过此次政策机会来转变原有的发展模式,获得更好的经济收益。因此,在具有相似的发展意愿的地方政府之间,自主能力成为竞争中重要的影响因素。豫北县政府在此期间展现出了强大的自主能力,尤其是在资源配置和行动效率上,具有明显的优势。

在此次产业转移中,家具生产企业也在搬迁范围内,尤其是一些小家具企业亟须寻找可以落户的地区。获得了市场信息的豫北县政府迅速采取行动,通过驻地招商与商会合作等形式与京津冀地区的家具企业联系,争取转移到家具产业园区。靠近北京的香河县是著名的家具企业集中地,豫北县政府将招商目标重点放在了香河县的家具企业中。豫北县招商局局长介绍:

> 我们获得了这个消息,所以我们这边招商的团队就过去驻地招商,不间断地招商。然后介绍我们这边的优势。再一个就是抓住了当地的一些商会。比如说江西商会啊、河北商会,通过这些商会作为桥梁,我们把他们那个商会的会长联系到这,举行了一个百家家具企业看咱们的这样一个活动,好多家具企业过来了之后,通过来咱们这边看了很感兴趣。一个是我们给他们提供的政策和服务,一个是我们的产业基础,来这看了南方那几家企业落户。再一个就是离北京那边也不太远,他们生产的产品还是销到那边去,他们的生产基地虽然搬了,但是他们的门店包括他们的销售商,还是在那边。他们只不过是增加了物流的成本,也不是太远。所以说今年今天的 5 月份之后,应该是 7 月份实行了一个大的招商的(高潮)。先期我们谈了大概十几家,他们现在建设速度比较快的这十几家起到一个马太效应(连锁效应),然后说我们这边环境很好,服务很好。一些在观望的也找我们,就是说以前有些在观望,原来就是说我们主动去找他们的时候在观望,等这些企业落地了,然后他们有很多主动找我们那个签约,所以就形成了一个这样的高潮,前期我们的努力在后面起到了效果。有一些后面的时候主动找我们了,所以这样就(形成了现在的规模)。(访谈记录 20170406 LFJ)

在市场和政策的双重机会叠加下,豫北县家具产业进入了黄金发展阶段。在这一阶段中,豫北县家具产业得到了飞跃式发展。不仅企业的入驻数量是之前的几倍,而且企业的类型也呈现多元化的趋势。从企业类型而言,在原有家具企业的基础上,新增了实木类家具、藤制家具等家具类型。而且与家具制造相关的配套企业也呈几何倍增,五金、布艺、物流等企业也纷纷入驻豫北县产业园区。豫北县家具产业的集聚效应开始逐渐显现出来。

同时,豫北县家具产业的发展速度同样超过了以往任何时期。豫北县自 2016 年以来在较短的时间内引入上百家企业,仅在 2016 年下半年内即签约落地 96 家家具企业。

> 2016 年 4 月份以来,26 批次 280 多家家居企业来我县考察对接,世纪嘉美等 27 个项目签约,合同额 70.3 亿元,其中北京皇甫世佳等 15 个项目开工建设。今年以来,全县新签约亿元以上项目 40 个,实际利用省外资金 47.5 亿元。(2016 年上半年豫北县政府家具产业总结)
>
> 头一个星期我掌握的还是 40 多家,过了一个星期就 60 多家签约了,就这么快,落地也快。所以说这方面我们强调了 3 个特点,就是第一个特点就是项目多。像是我跟你说的那个项目多,就是我们在短时间内签约了。就像我们在考察时有 400 多家,最终签约了 60 多家,就在这短短的时间内就签约了 60 多家,有落地的现在落地建设的大概 20 多家吧,这个项目多是第一个特点。(访谈记录 20161102 LZR)

公共产品转化

豫北县在这轮产业转移中取得了成功,从地方政府的角度来看,原因主要在于,首先通过前期产的积累,已经具有前期的发展基础,具备了承接多企业集体转移的条件。所谓"栽下梧桐树,引得凤凰来"。豫北县政府在前一阶段的基础设施建设在此轮的产业转移中发挥了重要作用。由于转移企业受时间限制,需要尽快迁移原有厂区,因此很多企业急需可以快速投入生产的厂房。豫北县政府前期投入建设的厂房受到很多企业的欢迎,而且出现供不应求的现象。而且,前期的产业集聚积累使豫北县家具产业具备一定的规模,"中部家具之都"等名号也为豫北县增加了吸引力。豫北县产业集聚区主任总结道:

> 今年就应该是一个突破吧,在原来的基础上的一个突破。因为这个前期的一些准备工作还有发展的一些基本(准备)也有关系,所以说到这个产业做到一个程度,它有一个从量变到质变的过程,每一个都要经历这个过程,因为你没有前期的一些企业的入驻啊,你肯定不能成立一个这样的产业。别人过来看的时候,你如果只是一片空地,你的蓝图或者是你美好的设想,估计(在)人家(投资者那边)是不过的。(访谈记录 20161102 LZR)
>
> 第二个是速度快,推进的速度非常快,我们这边梳理了一下,家具产业园里可用的地我们清了一下,现在是成立了 6 个区,这个区就叫承接京津冀家具产业转移园区 1 区 2 区 3 区 4 区 5 区 6 区,现在我们到 6 区了。这 1 区是啥吧,企业他们规模小。他们没有这个意愿自建厂房,但是他们想租赁厂房,就是说我不用投资,我来租赁你的地方,能迅速地投入生产。这一部分有一些这样的,这部分我们怎么样考虑,我们在 1 区 2 区,原来家具产区东边这一块,我们这边就建了这个(厂房)。这里面有原来报批的土地没用,为啥没用,当时就是说,因为那里面不景气的时候,这个地方报批了暂时没用,所以这一块起步是非常快的,因为没有这个报批手续,报批手续很慢。没有了报批这块障碍,直接就是熟地直接就可以建设。所以说这一块,专门成立了投资集团,就是我们县里面一个投资集团。主要是产业园区建

设这块,它们通过融资建了这个1区2区标准厂房。大概有个十几万平方米吧,主要是成立了十几家需要租赁厂房的(企业)。这样就速度比较快了,这个投资集团就是我们自己投资的,说白了就是政府投资的,他建设速度非常快啊,因为资金到位了,可以说一天一个样。所以在很短的时间,1区2区的标准厂房都起来了。现在1区有几家正在往里搬迁。他们那边的设备拆了搬进来。这几家,你如果去看看他们正在搬迁呢,今天早上,我看他们发的那个微信群,他们的工作进度(显示)已经有几家搬进来了。这个速度是非常快。(访谈记录20161102 LZR)

对于企业而言,选择迁移方向,不仅要考虑生产成本等问题,制度环境也是重要的因素,良好的制度环境和友善的投资态度都是较重要的选择标准。豫北县的家具产业园不仅是生产的载体,更是稳定的制度保证。河南省江西家具商会会长表示:

从气候方面呢(这里)也是比较适宜做这个实木家具,往南边木材里的水分就比较大……我们是要往外迁,那么他这里是要接受它,这个是一个审批的重点家具园区,是一个主要项目,所以这一点呢对我们也是比较有吸引力的。因为既然政府把它立项了,是这个主导产业,对吧?起码这一点他立项要经过上级部门审批。我们来了,我们在这里干的就是这个行业,所以这是对口的……其他很多地方他不是专业的园区,他也是搞搞其他的,那个工业园区里面什么都有。(所以)他们(豫北县招商队伍)来了,一下填补了(这个缺憾)。这样我们就没去那边。(访谈记录20170610 ZHZ)

其次,地方政府具有较强的信息敏感性,通过企业和协会建立的市场信息沟通渠道发挥了重要作用。豫北县政府通过与商会、协会等密切合作,建立了稳定的市场信息交换平台。在这个平台上,政府与企业可以有效地进行对接。而且,这个平台由政府主导,政府主要承担了信息获取成本,相对而言降低了企业的交易成本。豫北县政府在此次招商过程中经由商会与企业取得联系,一是可以获取较多的企业信息,二是可以在短时间内与多家企业取得联系,提高了沟通效率。这种方式有利于豫北县政府较为精准地对接有转移需求的企业,在有限时间内达成更多的合作协议。而且,豫北县政府采取了驻地招商的模式,主动去企业登门拜访询问合作意向,既可以减轻企业的沟通负担也容易建立起良好的政企关系。

最后,地方政府具有强大的行动能力和支配协调能力,这也是豫北县政府在此次招商竞争中取得优势的重要原因。豫北县政府在获取了市场信息之后,及时做出反应,快速地成立了招商团队前往京津冀地区进行全面招商活动。豫北县组建专业的招商团队,"10 个开放招商组、6 个合作发展局、17 支招商小分队",将目标明确化单一化,使"专业的人做专业的事",从而提高了整体的工作效率。不仅如此,豫北县主要领导也积极参与招商行动中,向企业释放了诚意招商的信号。从企业决策者的角度来看:

> 第一个,我们要看政府的态度这一点。因为打个比方说,就像一个女孩嫁人一样,我首先要看看你这个家人对我的印象怎么样。如果你家人就是好像感觉我可以,我是比较受欢迎的,那么就在态度方面表现得比较热情。如果是冷冰冰的,说实话,咱们可能心里不会那么踏实,在这一个方面,就是说政府这块的服务还是很好,也很热情。政策这个方面呢就也不是说特别优惠的,它这个终归受国家的限制。不是你想要把这个土地降到一万块钱都可以,这个国家也不允许是吧? 税收这个东西的话,他都是受到国家的限制,他只是把他的本身的服务,它如何服务企业的这一块做得比较好。比如说来了一家,这个就安排一个单

位一个局长,负责这个企业一对一的服务。还有一个来说,一般很多地方招商,他顶多就是一个招商局长带着几个人,从这里就是说书记县长亲自处理。他跟企业直接对话,这样的话有个什么好处呢? 现在这个政策就是说一般的情况下都是一把手说了算。他有局长,他只是大的方向,(如果)上面没给政策,他不敢承诺,是吧? 只能说这个政策允许的情况下,他可以给你承诺,对吧? 在有些情况下,为了(完成)给他下达的招商任务,可能政府没有承诺的,他又说的是有(优惠政策),到时候来了又兑现不了。所以这样,那个县长书记他能够放下架子,亲自到这个企业中去,这个肯定是也算是给大家吃一颗定心丸。另外就是说为什么有一些过去,这个因为这个招商也不是说从现在开始,多少年前都有,你知道你下面说了不算,对吧? 就来了,好像我到你这来了,感觉这个政策又变了。是吧? 所以这样的话,这个书记他因为他自己亲口说的,这个地方我们就会相信,就会去。(访谈记录 20170410 ZHZ)

快速的行动力和诚意的合作信号都是豫北县政府能够在招商引资中取得良好成果的原因。不仅如此,在后期的企业建设生产过程中,豫北县政府也为其提供了较多的服务。为了帮助企业顺利地开工建设,同时也为了确保企业履行合作协议,不被其他产业区"挖走"。豫北县为每家企业都配备了一个项目责任单位,将企业建设项目化,并且落实到具体单位,由这些单位为企业提供"一对一"的服务。政府下属机构几乎全部被纳入项目责任单位范围中。

项目责任单位是这样,这些单位他们也要派人员,他们基本上一把手每天要到工地上去看,就是刚刚的局长每天要去看,中间还要派一个专门的工作人员在那盯住,就是说(有外来企业)要来这个地方办证,他自己来跑很麻烦,也不知道流程,那些(责

任)单位要领着他们来办手续。相对来说,他们就不用来,责任
单位就帮他们办了,只要他们把需要的证件提供过来。他们这
其实有很多复杂的(程序),比如地勘啊,图纸设计啊定一下做厂
房的规模,非常复杂的一些事情,而且牵扯到很多单位。所以说
他们包项目单位服务到啥程度呢,就是连图纸都为他们考虑了,
所以他们也都很满意。再一个在建设当中肯定要出现很多问
题,比如他们需要土啊,土建啊,咱们上哪找土啊? 他们需要办
得就是这些,一个是出现问题解决困难,一个是需要办理的证
件。基本上就是这两项,说是很简单但是很复杂的,比如今天又
有啥事啊。还有就是催进度,可能人家老板那边比较忙,也顾不
了这边,就要催啊,催他们抓紧弄啊,有可能有的项目其他地方
一招,他就跑到其他地方去了。咱就害怕这个。咱们大量的宣
传,咱们省内其他地方也看到了这个(潜力),差不多也有这个
(产业集聚区),像信阳、原阳都搞这个家具(产业)。所以说就要
催他们落地,项目一落地就定了。(访谈记录 20161102 LZR)

同时,豫北县政府也尽量缩减行政流程,建立企业服务中心,提
高行政效率,使企业尽量在较短时间内办理完成所有行政手续。

这个服务还体现在各个部门强化配合,简化手续,用最短的
时间。比如说一天能办成的就一天办成,实在是(困难)需要上
面(上级工作单位)办理的,也尽量在一个 3 个工作日内办到位。
在办手续这方面出现吃拿卡要这点是不存在的。因为我们是一
站式的办公,在一楼里面就是。整个大楼就叫县企业服务中心
嘛,跟企业相关的部门都在这。所以这个服务企业非常高效,他
只需要来到这个地方,你可以把所有手续办完了,不需要再像以
前跑一个一个的单位盖几十个章,这样无形当中人家来办事的
就(比较满意)。人家也在其他地方投过厂,(办手续)费死劲。

来咱们这边办得最快,也就无形当中(提高了服务口碑,带动了宣传),人家回去以后会和朋友说呀,说这边多好多好。我们还有这个服务方面的,就是家具(质量)检测中心,河南省家居检测中心,也就是说省级家具检测中心介绍到我们这来,就是说以后省内其他地方哪个家里需要检测都要到这来。在这一方面,他们这些(企业)进行家具检测就不用跑远了,当地就能解决。所以这个服务平台对他们来说也是非常高效的,因为他们合格不合格需要一个检测报告的。所以三个特点,项目多,推进快,服务好。政府这一块就是说每个人都在高效地运转,只要是牵扯到产业集聚区的(部门)都在非常高效地运转,所以才出现今天这个局面。这个局面当时会议上也总结了,都是大家的功劳,一个人两个人根本不可能,因为事情确实太多了,你要在短时间内办好几个月才能办成的大事,确实不容易。(访谈记录20161102LZR)

豫北县政府良好的政务环境和制度环境也为企业增加了较多的信心。

　　咱们这的干部文化正气很足。这些企业之所以来,就是因为咱们县的这一帮领导好,有事给他们说了他们能当成自己的事去解决去办,去推动产业发展。不吃拿卡要,不是说一套做一套,说了就去做,讲诚信。

在当下政府结构中,决策者和实施者是相对分离的。政策制定的原始目标往往会在实施层面"曲解"或者"转向",其中结构张力和制度弹性是重要原因。在缺少激励的制度环境下,实施者往往倾向于减少负担的任务从而"讨价还价"或者"简单应付"。这种工作效率低下,工作态度消极的应付行为也往往会带来一系列不良后果,例如政策实施不到位、民众影响力差等。十八大以来,对政府的约束进一步加强,对寻租行为和违反法律法规的行为增强了管束和惩罚。自上而下的监管和由外而内的监督同时阻断了政府工作人员的"灰色收入"渠道,使得由利益驱动的激励消失,"懒政"成为普遍现象。另外,在政府公务员考核制中,虽然有明确的条例指出不合格的人员有被清退的可能,但在实际中这种情况并不多见。在正向激励减弱、制度约束强化且退出机制失灵的基础上,政府内部行动者无论是从风险控制角度还是从个人利益最大化的角度来看都会选择不出错的"懒政"行为(郑万军、刘磊,2016)。如果"懒政"是个体行动者在目前条件下的最优行动选项,那么从政府组织的整体利益考虑,如何克服效率低下的"懒政"行为成为组织决策的重要问题。

从组织制度主义而言,组织目标与个体行动者的目标可能不一致。因此,组织需要采取激励和监督机制来激发个体行动者的行动积极性,来完成组织任务。在家具产业打造过程中,豫北县政府内部的组织、管理和工作效率都达到了较高水准,从而促进了目标的达成。尤其是在产业打造的机会窗口期,豫北县政府表现出了强大的自主能力,在资源配置和内部凝聚力方面都具有较大的优势。本节试图通过豫北县政府在快速发展阶段的内部行政动员来探寻在缺少个人利益激励来源的条件下,地方政府如何保持高效运作的,主要从激励机制和监督机制两方面来说明。

激励机制

组织是讲求效率的,组织中的个体行动者为达成组织目标进行统一有序的行动。但是组织目标往往具有不确定性,所谓不确定性是指组织目标是模糊的而非具体的。因此,组织中的个体行动者可以有行动弹性,不一定完全按照规定行事,从而使得组织中经常存在"搭便车"现象。为了克服"搭便车"现象及有效动员行动者积极为组织目标工作,组织必须设计一套有效的激励制度。在激励制度中,不仅包括正式制度,也包括非正式制度。正式的激励制度一般由已有的规章制度组成,通过现有的规则的利用来激发行动积极性,比如晋升制。而非正式制度则主要从惯习、意识等方面来对行动者进行动员,比如学校经常组织的考前誓师大会等。正式制度与非正式制度共同作用,从而达到组织激励的效应。激励机制并非是一成不变的,或者有固定模式。而是在行动过程中,依据现有状况和条件及行动者的反应进行调整。

在我国的行政结构中,官员的晋升不仅包括传统的指标考核,也包括强烈的主观考核机制。如果说晋升制度对政府组织内部的个体行动者是一个整体的正向激励,那么主观考核机制则对定向个体产生了竞争性激励。所谓主观考核机制,主要是通过拥有选拔建议权的主要领导有针对性地通过工作中的互动对备选人员进行考核,根据经验及相关制度做出判断。因此,很多有晋升意愿的备选人员都会有意在具有选拔建议权的领导面前充分表现,以便顺利通过领导人的考核。而且,必须指出的是,虽然这些直接的选拔建议权一般被限制在直属部门的主要领导范围内,但通过条状的结构关系,这些领导也会对基层人员选拔具有较大的影响。这些具有选拔建议权的领导都处于组织中决策层中,因此,晋升选拔是对执行层的直接有效的正式激励。

值得注意的是,虽然整体晋升制度一致,但每个地区有各自不同的晋升规则。虽然晋升制度中主要强调绩效,但有些地区会在绩效的基础上强调所谓“平衡”和“平均”,因此在晋升选拔中更讲求“论资排辈”。这种考核机制有其合理的一面,资历较老的工作人员往往在社会网络关系中位置较重要,因此在具有主观性的考核中比较容易占据优势。这种考核机制虽然在一定程度上克服了晋升的“偶然机会性”[1],但也

---

[1] 政府工作人员的考核晋升过程中存在很多偶然性和机会性,同时也受到很多指标的限制。这种偶然性会损害一部分人员的利益,比如由于指标等原因,会出现每年晋升人数不均衡的现象,在相同条件下,有的人员可能会因此而得不到提拔。

极大地降低了年轻群体的工作积极性。而且,这种有规可循的考核机制也往往成为"搭便车"的动机。

但是在中国很多地区,尤其是中西部地区大都采用"论资排辈"的晋升选拔制度。一方面讲求"平均主义"的历史传统在这些地区根基较深,人们倾向于采取原有的"安全的"行动方式。另一方面,由于"老人"的社会网络关系较广,地位较高,讲求效率的晋升选拔制度容易受到抵制。对于组织决策者而言,打破常规具有风险性。如何在风险与效率中保持平衡是决策者面对的重要问题。

豫北县政府在晋升选拔上采取了以效率为主的制度规则,将绩效作为第一考核要素。这样在一定程度上激发了有晋升意愿的人员的表现动机,为实现组织目标积极工作。在组织结构中,决策层的主要领导具有权威效应,基层人员通过"会意"来揣测领导的偏好。一旦领导将组织目标的实现作为行动偏好,基层执行人员也会将更多的注意力放在组织目标的实现上。这样一来,通过领导的激励机制使组织目标与个人目标兼容,从而提高了组织整体的工作效率。

> 用人上,书记也是三个标准,第一政绩突出,你得能干成事才提拔你。第二大伙公认,你有本事也有能力,大伙都说你这个人不行,人品不行,投机钻营啊或者这一套那一套啊,(这也是不行的)。第三不跑不送,书记是公开地喊,你只要跑只要找人,你请看了非得让你原地不动,甚至说想法把你调走。他说了也真的做了。这么说的领导很多,但是有的就是说一套做一套。"谁都不能跑,咱就是凭工作",最后一找人一活动又用了。但是他是实实在在,顶住了。有的领导确实打招呼了,但是打招呼的都不行。所以说,你干了舒心,又给你出路。商界的是想挣钱,政界的就是想进步。不说当多大的官,也得稍微地有一点进步。这也是对你这个人的认可。所以,大家都乐意干,心里面不委屈。不是那种干的时候都一样干,结果有人的有关系的(升迁)。

书记就是通过工作发现人才,通过文艺活动演讲等各种场合。他以前在人事处组织部干过,就善于发现人才。认准了就用,不拘一格地用。(访谈记录 20170610 LJZ)

豫北县参与此轮产业打造的主要负责人都得到了有效晋升,特别是以往被认为是"二线"位置的人大副主任由于在此次招商引资中表现突出被晋升为副县长职务。这样的晋升过程让很多基层干部意识到有向上流动的路径,从而更加积极地参与产业打造中。在晋升上为有意愿且有能力的人员保留上升流动的渠道,这样不仅增强了组织的行动力,也帮助组织筛选出具备较好行动能力的行动者,提高了组织整体的行动效率。另一方面,受到激励的个体行动者意味着其与组织具有相同行动准则,这样也增加了个体行动者对组织的认同感。

在组织内部,处于不同地位的行动者的行动效应也不同。在权威结构中,位于领导位置的行动者往往具有示范效应。被领导的行动者通常以权威行动者的行动为准则,通过对比模仿来进行行动选择。因此,具有"个人魅力"的权威领导者在组织中较为重要,他们会通过个人行动来对组织内成员进行非正式激励。韦伯认为魅力型统治者可以激发成员强烈的追随意志(韦伯,2010,352),虽然"魅力型"领导者在一定程度上强调了个体性,但从组织整体而言,魅力型的领导者一般具有较强的激励作用。这种激励不仅来自个人特质,更在于他们的激励手段。

豫北县政府的主要领导一直较为重视"示范效应"。作为决策者,他们经常参与政策的执行中,积极安排各种事宜,参加各种活动。所谓"上行下效",主要领导干部的工作作风和工作态度都直接影响下属人员的行动。领导积极的工作态度和对目标的强烈追求对组织中的行动者而言是有较强的激励作用的。

　　一个地方的发展,其实就是在中国这个体制下,就是党领导一切,县里面县委书记就是一把手,他就说了算。他咋着带,底下就怎么干。要是成熟型的,那就有公检法这种执法监督部门。但是你要是犯个小错误都靠他,那底下的人谁敢动一动啊。再一个,县委书记很年轻,都是70后,县委书记72年的,县长76年的。就是(不一样),一个是他有思路有想法,我到这来,我是来为咱们谋发展,为老百姓谋利益的。就看人家,上行下效,看你怎么做。为啥一个地方它发展比较好,跟一把手有很大关系。你咋做,就直接影响底下的。你像有好多地方的书记啊、行政首长啊,他自己又贪又占还任人唯亲。肯定这个地方发展不好……靠自己的言传身教,我当一把手我带头做。你星期天不休息,我也不休息,你忙我比你更忙。所以说,只能是这样。(访谈记录20170614 JJZ)

下属机构的工作人员对于地方政府主要领导的带头领先的行为也是极为认可的,并且承认这是激励其长时间专注于工作的一个重要原因。豫北县招商局副局长在访谈中一直强调,地方领导尤其是"一把手"的能力和作风是当地政务文化的基础:

　　还是要有一个积极的带头人,这一个人其实很重要。就尤其是一把手,领导带头干,有思路、想干事、能干事,干成事,这些都具备了。你的人格魅力、能力大伙都认可,大伙都会跟着你干。你要是来一个一把手啥都干不成,那我星期天加班干啥,我还不如歇会呢,还不如陪着大人孩子转转呢。因为跟你干不成事,没目标,有目标也实现不了。咱们这边几届领导都是年轻,都有上进心都想干事。……尤其是冯书记当县长,后来当书记。当县长的时候就瞄准产业区,就抓产业区建设,抓招商。当了书记还是这,这是一个。再一个,人家带头。去年国庆节期间,一天都没歇,他也一天都没歇。中间还问我,这咱大伙都这么辛苦,平时星期天不过,这国庆节法定假日都不休息,能发点东西或者补助点钱么。纪委书记当时也在,说不行,不能弄。不能弄就算了,他自己带个头。(访谈记录20170610 LJZ)

领导的示范作用不仅体现在组织结构上,而且体现在对本地人员的积极动员上。作为基层政府的主要领导,县长、县委书记一般都是异地任职,而下属部门的人员大多来自本地。地缘差异会使本地工作人员更具有责任意识和行动动力。

都不想干,但这就是执行力,这就是县委、县政府交给你的任务,除了干好你的本职工作,你还得把分包给你的任务执行好,这里面说白了,就是一些领导的讲话的艺术,能煽动人啊,能正面的引导。在那个十不要最后一条就是不要错过为家乡服务的机会。咱现在干的是自己的事,你作为这个县里的人在为家乡办事。你在这个位置上就有这个责任义务,这不是冠冕堂皇,书记提出的要求很朴实。人家一个外地人还干成这样,我们有啥理由不干啊。(访谈记录20170614 JJZ)

除此之外,豫北县政府在组织内部也较为重视文化激励。文化的作用是隐性的,并不表现在具体层面上,但会影响行动者的思想意识。

一个地方积极向上的时候,好多负面的东西(会少一些)。你比如社会主义核心价值观宣传画,这个东西是潜移默化的,不是说看一眼就怎么样,而是每天都看这些东西。你看习近平其实很注重中国传统文化孝啊、德啊、仁啊什么的。比如现在(好多人说)没有道德底线,这个不是说就是因为中国改革开放发展太快了,然后就(出现很多问题)。好多东西都是潜移默化的,都需要一个过程。包括书记现在提出来咱们的精神,厚德包容创新笃行,大街小巷都有,让大家去看,慢慢地一点点去感悟。(访谈记录 20170614 JJZ)

观念意识是行动的基础,豫北县政府一直在推动构建积极向上的行政文化。豫北县县委书记在建构整体的政务文化时强调"爱我家乡、服务家园"的意识,并将其写入党代会中。在鼓励政府工作人员为外来企业落地生根、快速发展贡献力量时,额外提出党员干部在服务企业时要坚持"十不要"原则:

> 不要把自己当成官;不要把自己当成"二传手";不要大而化之,心中无数;不要对企业说不行;不要怕麻烦;不要让企业跑了;不要干点活就叫屈;不要斤斤计较;不要夹杂个人私利;不要错过为自己家园出力的机会。

基层官员大多是本地人,为家乡做贡献同样是其自身意愿。参与豫北县产业打造一方面可以为其带来成就感和参与感,另一方面也可以构建其"本地声望"。呼吁"家园意识"与其自身意志相契合,激励机制得到有效接收。

> 如果干成事还是很有成就感的,比如说我到集聚区去,企业都过来说长短啊。不能说飘飘然,那也是一种家园意识吧,咱们家就是这的,为家乡服务。(访谈记录 20170610 JJZ)

豫北县政府通过示范作用和行政文化的构建,强化了组织内部的凝聚力,从而提高了组织的整体行动效力。

监督机制

组织中的监督机制主要是针对"委托——代理"关系下的信息不对称进行设计。在"委托——代理"关系中，代理人往往倾向于隐藏一部分信息以谋求个人利益。委托人因为信息的不对称，不能对组织行动进行有效判断，从而可能无法达到行动目的。如果说，中央政府与地方政府的关系已经超越了普遍意义上的"委托——代理"关系，地方政府已经具有一定程度的自主权。那么在地方政府组织结构内部，"委托——代理"仍然是最为重要及普遍的关系。地方政府内部，决策机构与执行机构分工明确，且有隶属关系，决策机构在制定组织目标后主要交由执行机构完成。决策机构对执行机构有领导权和监督权，但是监督需要较大的成本，现实意义上很难做到完全监督。那么，在有限的条件下，如何设计一套有效的监督机制来控制代理人行动呢？豫北县政府主要从监督机制和问责机制两方面来监督执行机构的行动。

监督机制主要基于组织原有的监督制度和监督结构而来。政府组织有较完备的行动监督制度，从政党到政府都制定了行为约束条例，从法律法规等方面限制行动主体的"越轨"行为。公检法机构主要监督个体行动者的违规违法行动，对行动者的工作效率约束不强。因此，政府又专门设立了督察机构以监督各个行政单位的工作效率。督察机构以项目为载体，通过监督项目进度来评估单位的工作效率。督察机构对各单位的考核会纳入单位的年终考核内，成为重要的评估指标。

为了便于督查监管，豫北县政府从招商引资开始就将目标细化分解落实到各招商主体部门，并且细化落实到每一个具体责任人，以确保"人人头上有目标，个个肩上有担挑"。责任到人的制度增加了个体行动者的责任意识和工作压力，明确的目标监管有利于组织从结果入手推动整体行动。

以结果为导向的监督机制容易造成过程的松懈。为了监督实施过程,豫北县政府在企业落地之后,将企业以项目的形式分派给各个责任机构,以项目为单位来实行监管。每个责任单位的第一领导为主体责任人,以时间节点和原定计划为依据,督察部门通过对项目的完成过程的检查来督促各个负责机构按时完成任务。

一是坚持一线工作法。县级领导干部不画大箭头、不说空话大话,勇做突击队、实干家,减少中循环,盯住具体事,一件件推动落实。坚持乡(镇)、县直单位"一把手"带头,"一把手"的"一"字,不仅是"排行",更是当好第一责任人,领导一方、带动一方,真正把办公室设在田间地头、项目工地,在一线指挥作战,在一线掌握情况,在一线解决问题。二是强化督查问效。对重点工作,全部建立详细推进台账,拉出具体到天的任务清单;重点项目的建设进度,每天在县政府综合楼前的大电子屏公开;县委县政府督查局按月、按季度进行督查,及时发现问题并提出建议,以强力督查倒逼项目高效推进。(豫北县政府文件)

同时,豫北县政府进行了制度上的简化,尽量减少不必要的行政手续,从而降低了政府工作人员的寻租机会。豫北县政府成立了企业服务中心,将企业所需要办理必要手续的窗口部门集中在一起。并且将督察机构的工作地点安排在企业服务中心附近,便于对其进行直接监督。

这个服务还体现各个部门强化配合,简化手续,用最短的时间。比如说一天能办成的就一天办成,实在是(困难)需要上面(上级工作单位)办理的,也尽量在一个3个工作日内办到位。在办手续这方面出现吃拿卡要这点是不存在的。因为我们是一站式的办公,在一楼里面就是。(访谈记录20161102 LZR)

除了制度性的督查机制外，豫北县政府还采取了主要领导直接监督的问责机制。豫北县政府通过定时汇报项目进展、开项目工作会等形式来直接对项目进行问询监督。领导的直接关注会给予相关承包部门直接的压力，工作中的"怠懒"心理也会相对收敛。

> 因为这些企业来了，人生地不熟，办啥手续都不知道。再一个，这些企业都不是一盘棋，领导主流是好的，但是底下扯皮的多了。有部门带着他们，还有些强势部门。包给你了，我不让企业每天过来汇报，我让你来，最近咋样，书记县长在这站着，有很多问题，这也弄不成那也弄不成，那你得挨骂。所以说，这就是工作方法，直接监督。你去服务你去分包，你去推动这个项目。大的我去推动，具体到每个项目咱们一块去推动。有的单位包4个都有，少的包1个，但不是全部。（访谈记录20170614 JJZ）

县政府主要领导的直接监督相较于制度监督而言，其约束效力更加明显。原因在于，县政府主要领导拥有政治权威和裁量权力，这些权力可以直接影响各个部门和官员的考核。官员的考核不仅取决于最后绩效的"绝对表现"，也取决于在主要决策领导面前的"相对表现"。在晋升中的竞争会导致各个部门负责人尽量表现出积极的行动和为组织目标努力的意愿，因此有足够的动力在集体行动中不出错。而且，在政府结构中，每个部门的功能以及地位也相对有所差异。强势部门如财政部门等往往更容易获取关注，得到资源；而弱势部门如乡镇机构等则经常处于边缘地位，获得的资源较少。在集体行动中，尤其是多部门统一承接任务中，这些弱势部门也可以参与到重要项目的建设中，由此可以取得比之前更多的关注。在这种部门竞争中，组织的行动力得到了进一步提升。

但是在组织的集体行动中，个体行动者需要相互连接才能构成统一的行动体系。晋升选拔机制虽然增强了个体的行动积极性，同时也会造成行动主体之间的竞争,并不一定能增强集体行动力。为了增加各个行动主体之间的协同合作,豫北县政府以协调会等形式将各个主管部门的领导召集在一起,利用软激励约束监督执行层的工作。豫北县政府推行"半天室内工作法"①,并且成立了"草帽突击队"。同时,每周都会召开重点项目调度会,确保项目建设快速推进。这些工作都是由县政府主要领导牵头组织,带领主要负责单位责任人在项目现场解决问题。

> 我们县委书记县长每天早起8点半,雷打不动就要开这个早会,当时市里面就总结了一个我们的经验就叫"草帽工作队",啥意思呢,就是说县委书记县长带着产业集聚区的(相关领导)负责去下乡。夏天嘛,7月份正热的时候,一人一顶草帽,一个马扎,就在田间地头开这个会,你说这个工程啥问题,然后马上大家就在这解决。就这样,以前是在会议室开会,开完之后就落实,落实有偏差,但现在就是开完会,立马就在这开工,甚至可以说拿个尺子就在现场丈量,所以这个效率非常高。市里面就大力宣传这个草帽工作队的精神,人都晒得很黑,一人一顶草帽一个马扎,确实是大家都一身的汗。所以到我们产业集聚区一看,这个比较黑的都是包项目的。(访谈记录20161102 LZR)

> 当然了,谁都不愿意自己揽活干,这就是推动工作的方式。包括早上的早会也是一种推动工作的方式。为啥咱们的园区推动得比较快呢,书记在这一坐,列几个事,今天啥问题,明天再听解决了没,为啥没解决,具体卡壳在哪了,这就推动得快啊。如果书记天天在办公室,十天半个月还不问一回呢,这事怎么会有人推呢。看报纸喝茶水多舒服啊。这些不在体制内的人,都觉

---

① 所谓"半天室内工作法",即所有县级干部带头,每天至少半天时间到基层、到一线、到现场解决问题。

得这是一群酒囊饭袋,但是还是有很多干事的人呢。就拿咱们县来说,到处是公共设施的建设,以前哪有几个路灯啊,现在只要有路就有路灯。你看这是我们的草帽工作群,群里面每天都是工程的进度,这就是督导啊。这都是工作的进展、项目的进展。这就是现场,解决问题的,不是装样子的,这就是要求。(访谈记录 20170610 JJZ)

所谓监督不仅包括了行动监管,也蕴含了督促之意。在下属部门行动松懈之时,给予提醒和压力,使其顺利完成组织目标。政府领导的直接监督并非个人对个人的监督,而是组织对组织的监督。政府领导是决策机构的代表,而各主管部门的领导则是以组织代表的角色参与协调会议中。协调会议是组织中的权威对下属部门的行动监督。因此,豫北县政府的软约束并非只针对个体行动者,而是对组织的整体约束,通过直接监督来推动组织整体的行动进展。

豫北县政府通过激励机制(正式激励和非正式激励)、监督机制(督查机制和问责机制)的双重作用来进行组织行动员,通过目标兼容和权威影响来推动整体行动以达成组织目标。

二、多方参与的社会动员逻辑

如果说政治动员是从地方政府组织内部进行,通过对组织内成员的激励来完成组织目标,那么社会动员则是从组织外部着手,对产业打造的非政府的参与主体激励以达到既定效果。产业的发展由多个主体共同参与推动。地方政府只是其中的一个重要行动主体。如何通过多主体的动员来达到发展目的是政府的重要职能之一。在社会动员上,地方政府采取不同阶段不同策略,不同群体不同安排的行动逻辑进行资源整合。

在发展前期,政府通过动员本地中小企业来进行市场扩张,从政治协调、经济奖励等多角度着手,激励中小企业发展。主要动员手段包括行政奖励、建立厂房、帮助宣传、树立品牌等。2008年,豫北县家具产业将兴未兴之时,豫北县政府下达行政文件,鼓励本地中小企业进行厂房扩建。很多中小企业都在这一段时间扩大了生产和销售面积。陈老板和朱村长如是说:

> 在再早时候,大厂子没来之前,政府还把俺这都叫到一块,到政府办公楼上开会。当时是鼓励盖,鼓励你扩建,那时候说的是,只要你有钱盖,盖多少都是你的。我现在还放着那个纸呢。(访谈记录20141006 CLB)

> 08年的时候,咱县政府鼓励农民发展,创业吧算。那个时候路两边呼呼地都盖起来厂子了,当时俺村路两边有四五十家的家具厂嘞,都把厂子挪出来啦。当时虽然政府没咋给钱上的支持,因为啥呀,政府当时有个政策,说自己建厂的,每平方补贴60,但是他要求高啊,要求你得建5000平方,那个时候都达不到这个标准,一般能盖个1000平方就很不错啦。所以这个钱谁都没拿到。(访谈记录20130802 ZCZ)

豫北县关注到本地企业中管理理念先进、发展潜力较大的企业,并相应给了了政治资源和经济资源,以帮助其提升发展空间,试图建立本地标杆企业。金冠企业是豫北县的标杆企业,它的发展过程跟企业主的思想观念有很大关系。这个标杆企业的老板在高中毕业以后才加入了制造家具的行业,高中及之前的教育过程是他成为真正的"商人"的一个重要因素。该企业老板有超前的意识和主动争取的态度,他的经营观与西村的家具老板不同。

> 94年我接住以后,我就在咱朝阳路上赁了个店铺,这就不上会上卖了。那个店铺是咱县的第三家。我做那活要好,那活

搁这一上,他们那上下班的一听是本地家具,仨月没卖一分钱。可是对这个家具的评价都很好,他们都不觉得这是本地造的家具,他们觉得是南方人开的这个店铺呢。可是仨月以后出来订单了,订单一出来就做不完,一推俩月仨月的给不了人家货。这算从这个店铺慢慢的发展,扩大了业务,后来去了周边县区,有五六个店铺直销,慢慢从几个人发展到100多人。前十年,村里人都出去打工了,不好找这工人。我用了啥法啊,"婆婆奖",他媳妇在这干活,我给她婆婆发奖。弄了锦旗,弄了好后勤、好职工、好模范婆婆,给她发了牙膏牙刷、我拿100,她媳妇拿100,给她200块钱。10年前这200块钱可当事,给她婆婆一发,很高兴。都愿意叫儿媳妇来了,昔日的刷锅做饭女,今日的金冠栋梁材。这都是咱干出来的,摸索出来的词汇……我算是09年我开始扩建,咱县里县长、孙主任带着我去广东、上海、河北去考察企业。走出去了才知道,我以前就1亩往外发展,搁外面一看,人家的厂房都是几十亩几十亩的。这回来以后,一下子扩展了算是50多亩。那个时候我算是咱们市最大的了,当时南方还没来呢。建好以后,随着南方、好风景就入驻咱县了。(访谈记录20140408 ZLB)

豫北县政府也对其经营理念较为欣赏,认为这样的理念才可以将企业发展得较为成功,这也是政府对其大力扶持的重要因素之一。豫北县产业集聚区主任认为:

像＊＊(文中的标杆企业)在郑州都有店,不知道你去过没有。他们做的那些实木家具都非常漂亮,甚至跟那些红木家具都能比。像这样的企业就很有前途,你像其他的小作坊,他们的老板就没有开阔的思路。关键在人,要是追求现代化的管理啊,刘市场定位准确啊,有可能有大发展。但是你像他们这些,就满足于每年挣个 10 万 20 万就行啦,他就满足于这,他也没有想到我去咋着做个品牌啊,我去咋着做大啊,咋着把我的质量提高啊,他没有想到这。他现在走的就是我今天做个柜子没卖出去,但是明天我卖出去了,他就仅限于这,做了卖出去。他就不想想这样做了卖出去赚的钱是多少啊,以后该咋办啊。(访谈记录20140403 MZR)

豫北县的这家标杆企业重视产品质量、企业管理和企业文化,在 2011 年这个企业主将管理的位置交给了职业经理人,自己不再亲自管理,而西村的企业主则是亲力亲为并且不肯放弃经营权。思想意识对于企业的发展有一定的影响,这家标杆企业的企业主展现了现代企业家理应具备的某些品质,比如对企业有一定的规划,敢于承担风险,并且重视质量和品牌效应。

先进的文化进入能带动先进的经济,能接受啊。10 年我干了一年,11 年我就请了个总经理。那个总经理就是在双虎全友干过的,他带着一个团队,咱就交给那边啦。现在基本上很省心啦,头几年比较费心,一个文化的融合,一个老团队与新团队的磨合期。磨合时,这一帮老团队就是跟我打江山的,人家来了就跟着不服一样。好,都坐办公室,养着你们。坐了俩月办公室,叫人家改革。改革成功了,弄了一年,这算他们看到了。到车间一看就不一样。到 13 年春天,又把路续给他,当副职,人家当厂长,你当副厂长,厂长助理。这算是又把他们续进去了,到现在还是很好的……你可以见见咱的硬件设置,还有咱的木工文化展厅。木工文化展厅我是这样设计的,一个是工具,原来那锉子、刨子、锯子,现在都是现代设备了,不用啦。我现在就给他展示上了,这是干啥用的,那是干啥用的。还有一个刨子都 100 多年啦,要不然我说咱这是木工之乡啊。我爷爷就是干这个的,那个时候兴开车库(?),就在山西开车库。那个时候咱这干这的多,他得走出去啊。耍手艺诶,按原来说就是学手艺。他38年给他房东家做了一个推车,我给他拉回来了。还有一个是家具的发展史,从清朝到咱建国初期,到七几年毛泽东时代,到八几年改革开放,到九几年新的文化的交替成熟。哪个年代他做出来的家具反映出来的历史信息都有……咱县木器厂那么些家,没一家开门市的,我是第一个。按说,这个是习惯性的,吃了饭上地,扛着锄下地,他不想旁的思维,跃出去一步就很难。(访谈记录 20140408 ZLB)

豫北县政府希望本地企业能按照最初设定的模式发展。所以在建设产业集聚区时,豫北县政府特意规划出中小企业园并出资建设了一批厂房,就是希望本地小企业能按照设想进行大规模现代化生产。但本地小企业已经有自己的厂房不想再出租金,并且对于县政府所设想的并没有太大兴趣,所以一度建好的厂房被闲置。豫北县政府对于西村家具市场的未来走向是有一定的预先计划的。豫北县政府在看到大企业与本地小企业的严重的差距后,认为本地小企业在未来大企业的压力下可能会难以为继,所以想用两种方法使小企业存活。一、鼓励有意向发展的小企业扩大生产,提供厂房和用地;二、让小企业挂靠在大企业下,为大企业所用。

作为县政府已经认识到这一点了,你现在在的这个位置叫什么,叫清丰县家具产业园。他为什么叫家具产业园啊,因为这个地方的厂房都是政府投资建设的,建这些厂房的目的是为啥,那就是这些小家具企业想着扩大再生产,但是现在没有土地了,这个厂房我可以租给你,你去生产就行了。包括对面规划了占地500亩的中小家具园,现在不是有几户正在自己出资建么。只要你有这个意愿,符合县里的规划和设计,你就可以在这建,建了你就可以在这生产,这是第一条,解决了他们的生产用地和发展的要求。第二个,出路问题,县政府和这几家企业(大企业)进行过沟通啦,这些企业对他们(小作坊)也开着口子呢。开什么样的口子呢?贴牌生产。比如这哪个哪个小厂,你只要是能达到我们南方沙发的质量要求,各方面都满足要求,我就给你下订单。你的产品没有销路了,没关系,我给你下订单,给我生产。比如这种样子的椅子,我需要三千套,你给我生产。只要是符合质量要求,我全都收走。(访谈记录 20140403 MZR)

咱们现在就是引导细化分工,刚才为什么我说小厂子无所谓呢,包括现在的南方来到这就一直想找小企业做小件。在四川,有 30 多家企业为南方做这种小件。你比如说做一个花架,南方不可能在流水线上刷刷地做这种架子,它就想找小厂子替它生产。比如你这个成本是 50,我收上来是 55,但是我收上来打上我的标,我卖 150。小厂子可以在没订单的时候做自己的,但是这就保证了它的工人能够有钱发。你要是不进步肯定就会被淘汰。不可能都成为大企业,但是我就可以根据我的情况专注于一方面。或者我的厂小不要紧,但是我把产品做精。只要是一直能跟着走,不至于说淘汰。家具跟家电不一样,你像家电咱们知道的就是海尔啊、格力啊这些,你一只手就能数得过来,但是家具光注册的也有多少万家企业,就最大的全友家具,它的全年生产总值占家具行业的不到 1‰。达不到 1‰ 你就没有市场的控制。小家具企业还是要靠经营者的头脑灵活,要适应环境。(访谈记录 20140404 SZR)

三、小结

在产业打造过程中,既有市场风险也有市场机遇。人们习惯去寻找风险背后的原因，而将机遇视为难以寻找规律的偶然因素。但是从发生概率而言，出现市场风险和市场机遇的概率大致相当。换句话说，这些都是经济发展过程中的偶然表现，并不是经济发展常态。从结果影响上看，这些偶然因素同样对结果造成重要影响。当然，客观的影响因素需要被有效转化才可能推动产业发展。而且，在同样的机会条件下，不同的地区也呈现出不同的结果。偶然因素背后的必然机制则是值得探寻的重要问题。

豫北县的家具产业打造在经历了困难发展期后，在2016年获得了承接京津冀地区产业转移的机遇。这种转移更多依据的是政治意义上的考量，并非市场作用的结果。京津冀地区的产业转移主要针对了"非首都功能"的低等级产业和非环保产业，而且限定了搬迁时间。这种产业转移机遇是短期的偶然机遇，与东部地区产业转移性质不同。面对发展机遇及周边地市的竞争，豫北县政府充分展示出了强大的自主能力，对机遇快速地作出了反应，使偶然的政治机遇转化为产业发展的动力。从地理距离而言，京津冀周边地区，如山西、辽宁、河北南部、山东等地都具有较大的转移空间。虽然豫北县在空间距离辐射圈内，相对而言具有一定的承接优势，但地区间的竞争仍比较激烈。豫北县政府派出了数十支专业招商队伍，通过协会、商会等信息通道与企业进行联系，主要领导亲赴当地与企业接洽，展示出了强烈的合作意愿。这些行动都向企业释放出了豫北县政府的诚意招商的信号，企业也认可了政府的行动并做出行动选择。通过这次大规模的招商活动，豫北县政府在短时期内引入了数百家企业，其中数十家企业几乎在同一时期集体开工建设。从这一方面而言，豫北县政府把握住了政策机遇，并实现了产业的重大发展。

豫北县在机会窗口期不仅扭转了产业发展的危机，而且实现了快速发展。究其原因，从地方政府的角度而言，有效的行政资源动员是重要的影响因素之一。但是在组织行动中，组织目标与组织中个体行动者目标可能不一致。组织目标的激进并不一定能激发个体行动者的行动动力。从利益的角度而言,个体行动者更倾向于保守的行动。如何通过激励制度对组织中的行动者进行动员是地方政府面对的重要问题。尤其是在外部监督力度加大,个体寻租的机会减少,个体利益激励减弱的情况下,组织中的行动者更倾向于消极地应付组织任务。

豫北县政府主要从激励和监督两个方面来进行行动动员。在激励机制方面,豫北县政府通过正式制度和非正式制度两个方面对组织成员进行行动激励。在晋升选拔上,豫北县政府摒弃了"论资排辈"的选拔规则,采取了以效率为主的规则,将绩效作为第一考核要素。这样一来组织目标与组织内个体行动者的目标达到了契合,从而充分激发组织成员的行动积极性。而且,这种选拔原则也帮助组织筛选出了有意愿和有能力的行动者,从而提高了组织的整体行动效率。另一方面,豫北县政府利用组织权威的"示范效应"和构建行政文化来进行非正式制度的激励。组织内部结构中,处于权威位置的行动者的行动对其他行动者具有"示范效应"。这种示范效应在于,其他行动者往往将权威行动者的行动作为行动依据和行动准则。权威行动者积极的行动示范会带来积极的行动结果,消极的行动示范也会产生消极影响。豫北县政府的主要领导做出了较好的行动示范,积极地参与产业政策决策和执行中,并表现出为实现组织目标而努力的决心。领导的示范行动使得组织中的执行人员受到了积极的行动激励,从而有动力完成组织任务。

虽然组织激励制度可以对组织成员的行动进行激励,但并不对所有成员完全起作用。而且在组织的"委托——代理"结构中,激励制度也难以解决信息不对称的情况。而监督机制则在一定程度上弥补了这种制度缺陷。豫北县政府从督查和问责两方面对组织成员的行动进行监督。督查机制主要表现为利用原有的监督体制尤其是督查机构,以项目为单位对组织成员进行约束。豫北县政府将组织目标细化为各个具体项目,并将项目承包给具体责任单位和责任人。

督察机构对项目的考核也是对组织中行动者的考核,通过监督项目进度来监督行动者的行动。另一方面,豫北县政府通过主要领导的直接监督对行动者进行约束。豫北县的主要领导经常以召开协调会议等形式对主要负责人进行直接监督。相较于制度性的督查机制而言,这种非制度性的问责效力更加明显。原因在于,地方政府主要领导拥有政治权威和裁量权力,这些权力可以直接影响各个部门和官员的考核。官员的考核不仅取决于最后绩效的"绝对表现",也取决于在主要决策领导面前的"相对表现"。与监督机构相比,这种行政领导的直接监督反而会给主要负责人带来直接的行动压力,使其更有动力完成组织任务。

在这一阶段的行动中,豫北县政府的行动主要受国家、市场、社会的三重形塑,并表现出了强大的自主能力。豫北县政府不仅运用高效的运作模式对行政资源进行了有效配置,而且在市场中表现出了更准确的判断力和认知力。这也是豫北县政府在本阶段取得较好成就的重要原因。在产业打造的过程中,制度给予行动以保障,而行动也在不断地作用于制度之上。通过制度与行动的互构,产业的技术环境和制度环境同时得到了提升,更加有利于产业发展。

第六章　政企关系与产业结构变迁

政企关系是政府参与市场经济运作中绕不开的话题。政府作为行动者参与市场建设中,必然要与企业进行互动。但是相对企业而言,政府并不是一个平等的市场行动者,其背后有国家权威的支撑。因此,在市场中,企业一般处于相对弱势的位置。而且,在市场建构的过程中,政府与企业的关系也并非一成不变的。在不同阶段,政府与企业的关系也呈现出不同的特点。随着市场逐渐成熟,企业与政府的关系也趋向稳定。同时,在政府与企业的互动过程也是产业组织结构建构的过程,政企关系与产业结构有着直接而重要的联系。本节主要从政企关系入手,探讨在产业打造过程中政企关系与产业组织结构调整的联系,及政府在与企业互动过程中的行动逻辑。将政企关系放在本节论述,既能在已有的叙事基础上对产业打造过程中的政企关系进行充分讨论,又可以借此对产业打造中的政府行动逻辑加以归纳整合。

一、政企关系的阶段性差异

地方政府主导产业打造的过程,同样是政企关系的建构过程。产业打造不仅体现在产业政策的决策和实施,也体现在政企互动上。地方政府产生发展产业意愿伊始,政府与企业的互动即已产生。随着产业打造的深入,政府与企业的互动也发生了变迁。而这一变迁呈现出的时间特征又与产业打造的阶段性差异具有一致性。

作为市场行动主体,产业中的企业按照不同的分类标准可以分为不同类型。按照专业性划分,可以分为主体企业和辅助企业;按照市场等级划分,可以分为高端企业、中高端企业和中低端企业;按照企业规模划分,可以分为龙头企业、大型企业、中小型企业。根据豫北县家具产业打造过程中企业的出场顺序及地缘关系,本节将企业分类为本地家具企业①和外来家具企业②。本地企业与外来企业具有明显的差异性,二者在市场、规模及社会网络等方面同质性较弱,而且这种差异性也影响了二者与政府的互动。因此,本节从二者的差异性着手来显示不同类型企业与政府间的互动模式。

本地企业的视角

在豫北县的家具产业打造过程中,本地企业从中心走向边缘。这种边缘不仅体现在政企关系中,也体现在市场结构中。前文论述也略微体现出本地企业被边缘的过程,从一开始作为产业基础到后期几乎不再对产业发展产生影响,本地企业在市场发展中慢慢没落。虽然豫北县政府一再强调,本地企业缺乏转型升级的动力,并且故步自封不求发展,早晚要被市场淘汰。但是,从产业打造过程来看,地方政府对本地企业的影响是不容忽视的。

从一开始,本地企业并没有在市场中占据优势地位。从企业规模和企业效益就可以看出,本地企业并没有达到可以自成一体的发展状态。无论是在生产工艺还是产品质量上,本地企业都属于低端水平。这种企业在行业整体市场中竞争力较小,很难占据市场优势地位。从这一点来讲,本地企业可谓被地方政府强行推上了产业打造的舞台。豫北县政府选定家具产业作为主导产业培育,首先将本

---

① 以下简称本地企业。
② 以下简称外来企业。

地企业视作产业的基础进行优先扶持。政府给予本地企业更好的技术环境和制度环境，并辅以优惠政策和条件推动本地企业快速发展。本地企业从自然生长转变为带有目标期望扶持生长，这样的转变打乱了其原始发展节奏。本地企业面临了重要选择，是坚持原有发展速度和路径，还是借机跟随政府期望发展。在此阶段中，选择不同发展路径的本地企业也分成了两种不同的类型。一种是坚持原有发展模式，量力而行不追求快速成长的企业。另一种企业则借由政府发展意愿和优惠条件，转变发展方向和发展速度进而实现企业的快速升级。这两种企业的不同选择也意味着与政府关系的不同互动模式。

在本地企业中坚持原有发展模式的较多，进行创新式改革的企业较少。原因在于，本地企业一般规模较小，以作坊式生产为主，前期资本积累较少。虽然政府的优惠条件较好，但是力度有限，主要的投资压力仍然在企业本身。基础条件较差的本地企业一般难有革新的意愿和勇气，单纯的外部制度激励并不足以使企业调整发展模式。进行创新改革的企业一般属于前期发展相对较好的企业，虽然规模较小，但仍然属于本地市场中的优质企业。这些企业的数量较少，在市场中占据的份额也较少，影响力有限。政府虽然大力扶持这些改革企业，为其提供了较多的优惠支持，但并没有带动更多企业的发展。这些改革企业在后期发展中得到了政策红利，也获得了政府的关注，但相对于大企业而言仍然没有与政府平等对话的权利，与政府的互动也一直停留在被庇护的弱势关系阶段。

在产业打造前期，政府与本地企业合作的基础在于：一方面政府有推动产业发展的意愿；另一方面政府需要本地企业配合，所谓配合在于企业与政府有共同的发展方向和发展目标，并对政府招商引资提供支持。这种支持主要体现在营造产业发展氛围，形成小规模集中。但企业与政府的利益并不一致，企业并不在意政府的发展意愿，而更注重经济利益的获取。政府提供的优惠条件不能为企业带来短期效益,而且需要企业增加投入。因此,很多本地企业并没有与政府合作的意愿。这些不配合的企业自认为并没有拿到政府的"好处",也就对政府没有太多的好感。小企业既不按照政府的既定目标发展,也不配合政府的行动,因此,政府放弃了原初的合作意向,并在后期收回了原定的优惠政策。例如将之前针对本地中小企业的优惠发展条件改为与引进大企业的优惠条件一致。

政府回收政策的行动更增添了本地小企业的不满情绪和对政府的不信任感。在集聚区建设初期,豫北县政府拆除了 8 家本地小家具企业的厂房,政府给出的说法是卫星定位照片发现违章建筑,必须予以拆除。但是本地小企业并不认同此说法,他们认为:

> 政府想招商引资呀,盖好了没人去,人家外地的过来看的时候不好看啊。这就硬是拆了 8 家,叫人家搬过去,有一家人家都死人了,气的。这生意不中,这不是又搬回来了。那个时候有点紧着软柿子捏的(意思)。(访谈记录 20141006 CLB)

在此事之后本地企业基于地缘关系组成了联盟——成立了本地家具协会。这个家具协会主要责任,按照企业的说法是:

> 协调政府关系,争取利益,规范市场……主要还是协调政府关系的。(访谈记录 20130801 ZLB)

这种与政府抗衡的社会关系组织虽然并没有产生作用,但明确了企业的态度。自此,不配合的本地企业与政府之间越发不信任,关系也趋向紧张。在后期用地紧张阶段,政府更是毫不犹豫地要以牺牲本地小企业的利益作为代价来获取更多的产业区规划用地。

> (现在)没有(优惠政策),还打压呢,不让再扩大规模啦。他

现在光想着招商引资啦,(正在)圈地。像俺村,已经好多地被圈走啦。他占地得给补偿不是,要是圈了家具厂的地,那要补偿就要得多了。他不敢再叫扩大地方了。(访谈记录 20130801 ZLB)

本地企业在明确了政府的态度之后,也改变了原有的运营方式——收缩了生产计划,改为代理销售。很多本地企业在原有地基上加盖楼层,并且将原有的厂房变为产品展示厅,以此来保护自有利益。加盖楼层主要是为了在政府拆迁时能多获得赔偿款,并没有多少实际用途。而在后期阶段,这些企业确实在拆迁中获得了数额较大的补偿金,但失去了发展机遇。豫北县政府以环保、消防建设不合格为由,关停了这些企业,在给予了补偿之后要求这些企业在限期内拆除。关于本次拆除,豫北县政府也承认主要是为了赶走小企业:

小厂都关了,他们不具备达标条件。小厂消防做不成,让做环保除尘花个几十万上百万,他们不做。投入都没用,就跟北京一样,北京是将这些人赶走。我不是为了让你提升,但是把人赶走就有点太不人道了。(访谈记录 20170610 JJZ)

虽然政府承诺这些企业可以在原有地基上进行重建,但必须按照政府的规划和环保、消防制度建设,并且要提前缴纳保证金。这些规定让很多企业都失去了重建的勇气,交出了原占土地。

在豫北县家具产业打造过程中,本地企业与政府的关系经历了合作到分裂的转变。无论是配合的企业还是不配合的企业,都处于相对弱势的地位。政府一直处于强势地位,即使在分裂阶段,政府都可以取得行动优势。但是本地企业并非一味的"逆来顺受",而是利用政府的目标作为要挟来向政府争取利益。这种"进退"的不平等互动是由本地企业在市场中的地位决定的。本地企业在产业打造伊始,在本地家具市场中占据较高的地位,也较受重视。但随着外来企业的进入,本地企业在市场中的优势消失,而且逐渐被边缘化。与政府合作关系的破裂也是本地企业被边缘的重要原因。而这种市场的边缘地位使政府更没有与之合作的意愿。

外来企业的视角

如果说政府在与本地企业的互动中是不平等的强势地位,那么其在与外地企业的互动中则是不平等的弱势地位。尤其是在产业打造初始阶段,在产业政策目标的压力下,豫北县政府一直保持积极主动的态度与外地企业接触。在能力范围之内,为外来企业提供一切有助于其建设生产的优惠条件。这种先天的不平等,就造成了外来企业一直占据较高的谈判地位,豫北县政府则处于相对劣势。在二者发展目标不一致时,豫北县政府也是以外来企业的目标作为行动取向。豫北县政府不仅替企业承担了市场信息的交易成本,而且承担了较大的市场和政治风险。即使有较大的风险,豫北县政府也并没有向外来企业施加过多压力。

虽然政府与外来企业之间一直保持良好的互动,但其互动关系并非一成不变,主要受到市场的影响。产业发展初期,引入的外来大企业凭借规模优势获得了豫北县政府的青睐,并由此获得了较高的地位和话语权。由于当时规模以上企业数量较少,这些外来大企业作为稀缺资源很受政府的重视。这些企业仅凭一纸合同和少量的保证金就获得了大量土地,成本极少。因此,当遇到市场停滞危机时,这些外来大企业就有足够的动力退出原有的合作关系。但是豫北县政府投入了大量的成本,并不能任由企业退出。自此不平等的关系加剧,外来大企业能够提出更多需求,而豫北县政府只能妥协。

随着豫北县政府引入更多的企业,本地的市场关系也开始发生变化。豫北县引入了大量多元化类型企业,原有的大企业的优势逐渐消失。并且,随着整体的消费升级,大企业赖以生存的板式家具逐渐被更环保的实木家具取代。所谓"船小好调头",中小企业由于规模较小,比较容易进行生产转型。但是大企业动辄上百万的生产线投资,相对更难进行生产转型。在新一轮的市场竞争中,大企业显现出发展疲态,在市场竞争中转为劣势。由于大企业的生产放缓,中小企业快速加入,豫北县政府在与外来大企业的互动中也转变了原有的劣势地位,二者关系趋于平衡。大企业虽然没有之前的发展势头,但其企业规模尚在,仍能为豫北县的家具产业发展提供助力。因此,豫北县政府仍与其保持合作关系。

这种合作关系建立在平等地位之上,也就意味着豫北县政府可以在互动中提出自己的要求。在产业快速发展的机会窗口期,土地紧缺成为豫北县政府的首要难题。压缩本地企业用地远远不能满足土地需求的情况下,豫北县政府开始动用外来大企业的圈占地。而且,这些外来大企业也主动交出了尚未开发利用的土地,一方面是向政府展示合作的意愿,另一方面是由于优惠期满,政府不再继续向其提供优惠政策。

> 两个厂子已经主动让把地切出来了,用不完。你像全友给他们的地,切出来 200 多亩,因为这些地每年国家是要收土地使用税的。征完地每年每平方 3 块钱也就是每亩 2000 多块钱的土地使用税,这是必须要交的。一百亩就是 20 万。(访谈记录 20170610 JJZ)

在产业打造后期,国家对环保督察力度加大,环评措施加强。不仅多次不定时对企业进行检查,而且在环保措施要求上更加严格。在环保、消防大检查阶段,豫北县的大企业多次因环保、消防安全措施不达标被查处。虽然,在豫北县政府及企业自身看来,这些环保要求过于严苛,但豫北县政府并未帮助企业脱困。市场转型的困境和环保压力使外来大企业的发展越发萎靡,多次出现停工停产的现象。

豫北县政府虽然依然有意帮助大企业脱离困境，但更多的是抱持由企业自身和市场来决定的态度。

随着更多外来企业的进入，由于行政资源所限，豫北县政府在处理与企业的关系上越来越客观和疏离。正如豫北县招商局长所言：

> 现在这些企业都对咱们（评价不错），但是就这好评度已经开始往下走了。企业来得多了，确实（顾不过来）。你像昨天停电了也找县长，这种情况以后就不多了，我们也不一定解决得了。停电有可能是电力故障，但也有可能是人为的，比如土地证、环保。虽然美誉度开始往下降，但现在他们还能包容你，认为主流是好的，来这个地方是对的。（访谈记录20170610 JJZ）

豫北县政府作为与外来企业建构互动关系的主动方，在产业政策制定阶段即已明确表示，要以良好的制度环境和诚挚的态度与外来企业构建合作关系。在之后的关系联接过程中，豫北县政府不断地释放出友善的合作信号：政府主要领导亲自与企业联系，承诺政策条件；安排下属机构一对一地承包企业项目，解决企业的困难。这些互动方式一方面使政府与企业形成了紧密的合作关系，另一方面也造成了外来企业过分依赖政府，从而使政府很难完全退出市场。企业习惯"有困难找政府"，即使是由市场规律造成的经营困难也习惯向政府求助。而且，政府与企业的亲密关系也建立在政府工作人员尤其是主要领导与企业家的互动关系上，这种社会关系的叠加不仅增加了行政负担，而且使得政府易被企业"俘获"，有可能威胁政府行动的自主性。同时这种亲密关系给政府留有寻租空间，容易带来寻租隐患。

对地方政府而言，建构适宜产业发展的制度环境是其主要任务，在产业结构日趋完善之后，政府有意退出市场。在产业打造过程中，豫北县政府意识到市场难以通过行政手段左右，产业的打造需要依靠市场的调节。在实际中,豫北县政府针对企业的行动也呈现了从全面干预转向以服务为主的特点。但是外来企业对政府的依赖关系使得政府难以全身而退,政府与市场的边界依然比较模糊。

二、产业组织结构:互构中的稳定

产业组织结构主要建立在产业中企业之间的市场关系之上,企业之间的竞争与合作关系构成了产业组织结构关系。产业中不同类型企业的地位和所占比例决定了产业的性质和发展方式。在市场过程中,随着企业数量和市场地位的变化,产业组织结构在不同阶段呈现出不同的特征。在政府培育产业的模式下,政府与企业的关系和互动模式同样形塑了产业组织结构。而另一方面,产业组织结构又在一定程度上形塑了政府的行动。因此,本节主要就企业之间互动差异来尝试探讨产业组织结构是如何在市场和政企关系的作用下发生变化的,以及这种组织结构的变迁又是如何影响政府行动的。

豫北县在产业打造初期,企业类型较为单一,即本地企业。在本地企业中,市场份额较大的企业很少,几乎都是市场等级较低的小企业。基于地缘关系而建的本地小企业成为产业组织结构的主体部分。这一时期的豫北县家具产业刚刚起步,市场规模和市场等级都较低。这些本地小企业主要是在市场作用下进行生产经营,企业之间互有合作和竞争,并且开始形成了初步的分工生产。由于受地缘关系的限制,这些合作、竞争虽然是在市场中进行,但也会受社会关系的影响。这些企业之间不仅存在市场关系,也有社会关系。企业经营者之间常常是乡邻甚至亲戚,这些社会关系影响了企业之间的合作和竞争。也正是由于这些社会关系的存在,企业间关系较为稳定。整体而言,在这一时期产业组织结构呈现出均衡稳定的特征。

政府引入大企业之后,原有的稳定的产业组织结构被打破。相对于本地企业而言,外来企业可谓"含着金汤匙"进入豫北县家具产业的。由于豫北县政府急需外来企业投资设厂,这些外来企业从一开始就有着更高的地位和话语权。拥有政治优势和市场优势的外来企业通过规模化生产快速地取得了市场领导权,将本地企业甩在身后。外来大企业的迅速上位,让本地小企业毫无招架之力。外来大企业在这一时期得到了地方政府的大力支持,与政府关系紧密。而本地小企业由于普遍不配合政府的行动,与政府处于关系紧张期,因此并没有得到政府的支持。一方面,政府依靠大企业来支撑产业发展,另一方面政府挤压本地小企业的生产空间。无论是在市场结构中,还是在产业组织结构中,本地小企业都从主体位置走向边缘位置。而外来大企业则凭借天然的竞争优势在产业组织结构中占据了主导地位。

占据主导地位的外来大企业没有与本地小企业形成互动关系。二者从市场等级、市场经营方式等方面有着巨大的差异性,而这种差异性导致二者之间没有市场意义上的互动基础。缺乏互动动力的外来大企业和本地小企业在产业结构中呈现隔离状态。由于生产经营的独立性,外来大企业之间也更多地呈现出同质性竞争关系,很少有合作。因此,这一阶段的产业组织结构由地缘式均衡稳定结构变为隔离式差异分层结构(如图6.1所示)。这种结构呈现出金字塔形,中间由于市场原因出现实性隔离,不同类型的企业间几乎没有任何互动关系。虽然大企业占据了市场顶尖位置,但由于企业数量少,同质性强,这种产业结构很容易受到市场的冲击,抗风险能力差。在产业打造后期,由于家具产业受到了房地产行业的影响,市场呈现收缩状,豫北县的家具产业也不可避免地受到了冲击。占据市场主导位置的外来大企业由于产品结构单一,市场竞争力减弱,直接导致豫北县家具产业发展萎靡。意识到现有产业组织结构风险的豫北县政府也调整了招商引资方向,将重点放在了多元化产品的中高端家具企业上。

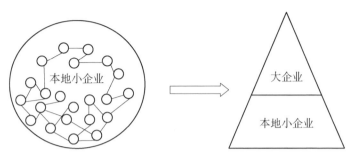

图6.1 豫北县家具产业组织结构变迁示意图1

在豫北县家具产业迅速发展时期,具有强烈发展意愿的豫北县政府运用强大的资源调配能力和高效的行政动员能力,将偶然的政策机遇转化为了发展动力。在相对较短的时间内,大量的外来家具企业落户豫北县产业区。这些企业与之前引入的外来大企业不同,主要是在产品类型和生产规模上有所差异。豫北县政府在引入企业时,就已经通过对投资设限和优惠制度等对企业进行了筛选。豫北县政府要求企业投资千万以上才可以落户,投资5000万以上可以申请土地。因此,引入的这批外来企业都达到中等以上的规模。虽然没有达到原有大企业的生产规模,但与本地小企业相比,仍具有明显优势。另外,豫北县政府此次招商主要通过商会对企业进行集体招商。因此,前来落户的很多企业同属一个商会,企业间关系较为紧密,有较多的合作关系。

不仅如此,除了家具产业的主体企业,豫北县政府还吸收了辅助企业,以便为家具生产企业提供运输、配件等服务。豫北县家具产业集聚形态初步呈现。虽然不同类型的主体企业间仍存在隔离现象,但辅助企业与其联系较多,企业之间关系也呈现出多元化的趋势。豫北县在此基础上由政府牵头组织了豫北县家具行业协会,将各个企业囊括其中。豫北县政府在外来企业进入之后即有意筹建家具行业协会,但是因为重要的大企业尚未全部入驻,就此搁置了一段时间。在承接京津冀产业转移之后,豫北县政府促成了家具协会的组建。豫北县家具协会在目前主要承担协助政府做好与企业之间的联通工作,尚未发挥出市场引导等作用。但是豫北县家具协会的成立意味着政府与企业之间,企业与企业之间的互动有了制度化的平台,多级关系趋于稳定。

虽然在地理位置上,本地小企业属于产业集聚区,但其实一直以"编外"企业自居。本地小企业一直拒绝配合,因此未被纳入产业集聚区总体规划中。对于豫北县政府而言,本地小企业无论是生产能力还是对外形象都不能与外来企业相比。而且,这种非统一管理不仅影响产业区的整体规划和形象,也增加了豫北县政府的管理成本。因此,豫北县政府早有将其纳入总体产业区规划之意。由于本地小企业在环保、消防等方面的不达标,豫北县政府一并拆除了已经集中经营的本地小企业厂房。豫北县政府将此称为"本土企业提升工程":

> 积极实施106国道两侧本土家居企业提升工程,50余家本土家居企业共拆除原建厂房、展厅17万平方米,规划新本土家居园区,占地260亩,总建筑面积19万平方米。本土家居企业以拆促建工程实施,彻底解决原厂房消防隐患、环境污染及违章用地等诸多问题,有效促进了本土家居企业的转型升级,为做大做强本土家居企业打下了坚实基础。(豫北县集聚区总结报告)

虽然,豫北县政府仍有意愿支持本地企业的转型升级,并允许其在原有土地上重建。但对本地小企业能力信心不足,认为本地小企业重建的可能性较低:

> 如果想干,这不是路边上这些优先考虑本地企业,或者像外地企业一样在我这征地、拿厂房,你要是没这个实力就没办法

了。拆迁补偿有,但是这个钱不足以让你建一个新厂。你要是靠赔这三五百万,我后半辈子不干了,就指着花这个钱,那这也没啥。看着赔得不少,但是他们损失还是大的,赔这些钱不足以再盖一个新厂了。这事是,他们都是技术型农民,不算企业家,只能说是小经营主。这些人又不会享受,很多人还是会找事干的。拿这些钱存银行吃吃喝喝,也是不会的。(访谈记录20170610 JJZ)

虽然本地小企业很多已经被拆除,留下的多为已经转型升级的中等企业。豫北县家具产业借助政策机会和市场机会走出了困难阶段,产业结构也更趋向合理化。通过这一阶段的产业打造,豫北县家具产业组织结构从原有的隔离式差异分层结构趋向互通式多元统合结构(如图6.2所示)。在新的互通式多元统合产业组织结构中,不同层级的企业之间不再只是隔离状态,而是呈现出多极互动的特点。主体企业和辅助企业在产业发展中同时发挥作用,并且都处于市场互动关系中。虽然小企业未来走向尚不明朗,但其对产业的影响及产业结构的作用越发弱势。在这个产业组织结构中,中坚力量是中等企业。这些企业在数量上和企业活力上都具有明显优势。大企业虽然数量较少且呈现转型困难,但在规模上和品牌影响力上仍具有

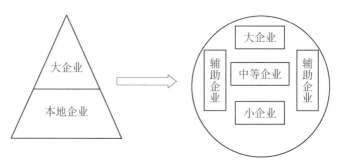

图6.2 豫北县家具产业组织结构变迁示意图2

优势,因此对产业的发展仍有较大影响力,其优势地位依然较为稳定。

三、小结

从社会网络关系视角而言,产业打造是一个多极主体互动的过程。政企关系一直贯穿于产业打造过程中,并作为产业打造的重要组成部分。政企关系并非是静态的关系,而是不断变化的动态建构过程。在产业打造期间,政府不断地与企业建构互动关系,而且政企关系也形塑了政府的行动。在产业打造初始时期,豫北县家具产业主要由本地企业构成,规模较小。政府有意对本地企业进行培育和合作,但并没有达成合作目标。在外来大企业进入豫北县市场后,由于在本地企业没有达到豫北县政府的发展期望,豫北县政府对本地小企业的态度从一开始的合作转向了放弃,将产业发展重心放在了外来企业上。本地小企业被政府和市场同时边缘化。同时,外来企业占据了产业组织结构中的主导位置。但是,从互动关系角度来说,二者并没有发生直接的互动关系,而是处于互相隔离的状态。因此,这一时期的产业组织结构呈现出隔离式差异分层特征。在产业打造中,豫北县政府与外来企业一直保持了紧密的合作关系。尤其到后期,在豫北县政府引入大量多元化、中等体量的企业后,本地小企业更加趋于边缘位置,最后得到被拆除的结果。而这一时期的外来大企业虽然保持了原有规模,但市场的消费升级导致其发展态势较差。这些中等企业逐渐成为了豫北县家具产业组织结构的中坚力量。此时的产业组织结构从隔离式差异分层结构趋向于互通式多元统合结构。由此而言,政企关系与产业组织结构之间存在一定的因果联系,政企关系对产业组织结构有较大的影响作用。

另外,外来大企业缺乏对当地社会的责任感。这些企业以一种"外来客"的心态来享受县政府给予的补贴和照护,而对于本地文化的融入和社会责任感却表现不足。这些企业往往以高额的补贴和税收优惠作为吸引他们进驻的条件,但却没有相应地履行社会责任。他们将自己视为"外来客",只关心自身的利益,并没有真正融入当地社会,为当地的发展作出贡献。这种行为不仅对于当地社会的发展造成了负面影响,也给其他企业树立了不良的榜样。而且,许多外来大企业对于本地文化的重要性缺乏认识,甚至对其持有漠视的态度。他们往往将自己的文化和价值观强加于当地社会,忽视了当地文化的独特性和多样性。这不仅伤害了当地居民的情感,也破坏了当地社会的和谐发展。

外来大企业缺乏对当地社会的责任感也体现在他们对于环境保护的态度上。在经济发展的过程中,环境污染和资源浪费问题日益突出。然而,许多外来大企业在追求利润最大化的同时,忽视了对环境的保护和可持续发展的责任。他们往往采取低成本、高污染的生产方式,对当地的环境造成了严重的破坏。这不仅对当地居民的生活质量产生了负面影响,也对未来的可持续发展构成了威胁。这些应该引起地方政府足够的重视,并且采取有效的措施来引导企业增强社会责任感,促进当地社会的可持续发展和进步。只有企业与社会共同发展,才能实现共赢的局面。

第七章 发展型地方政府：结论与讨论

一、研究发现与主要结论

打造主导产业从经济学的角度而言是充满悖论的。主导产业是自然选择的产物，政府的介入行动则是人为干预，二者相结合似乎互相矛盾。此外，主导产业与一般产业相比更具有中心性的影响作用，一旦干预失败会面临更大的风险。虽然很多地方政府参与了本地区的主导产业发展并获得了成功，但这些成功经验往往基于雄厚的经济基础或者发达的资源，对很多经济条件较差的地区并不适用。面对未知的风险及失败的可能，地方政府为何仍有意愿和动力动员全部资源去打造产业，并且如何去打造产业就是一个值得关注的问题。

对于地方政府而言，人为干预的产业打造是风险事件。但是面对现实劣势及强制性任务，培育产业成为地方政府的"被动的"选择。原因在于，在薄弱的经济基础上等待产业自行发展成本太高，且同样充满不确定性，采取干预手段虽然有风险但相对"经济"。从地方政府内生动力而言，地方政府谋求经济发展的意愿以及对主导产业作用的认可，又使得培育产业行动成为"被动的主动"选择。外生动力与内生动力相结合，就构成了地方政府进行主导产业培育的动力机制

但是，发展意愿或者发展动机只是产业打造的前提，并非是产业

181

打造成功的充分条件。对地方政府而言,产业打造过程可以具体化为产业政策的制定和实施过程。其中,地方政府的自主能力是重要影响因素之一。地方政府在进行一系列的产业政策决策和实施时,必须要考虑的问题是如何进行组织的整体行动。产业政策并非是字面意义上的制度化的虚拟行为,而是涉及到很多资源调配的实际行动。而且,产业打造是一个漫长而曲折的过程,并非一蹴而就的。在这一过程中地方政府如何控制风险,坚持原定优先目标都需要依托于地方政府的自主能力。

地方政府的自主能力,主要从国家——社会结构和与市场的互动中而来。首先,地方政府必须获得自主性才具有所谓自主能力。地方政府的自主性主要从国家内部的行政组织结构而来。中央政府通过行政管理体制改革,不断地将权力下放到地方政府层面,从而使地方政府获得了自主性。不断扩张的自主性既为地方政府发挥自主能力提供了保证,又促进了地方政府能力的增长。另外,作为能动性的行政组织,地方政府拥有自身的学习能力。这种学习能力使得地方政府不断地从实践中积累知识和经验,从而增加了自主能力。

豫北县自改革开放以来经历了漫长的市场转型和工业化过程,历尽坎坷和挫败。在要素禀赋不足的基本情况下,尝试了多种经济发展模式,在产业打造前均以失败告终。产业打造后之所以成功,与其思想意识有较大关系。在初期发展阶段,地方政府自主权力较少,主要以"服从指挥"的原则采取保守的经济干预行动,严格做好中央政府的"代理人"。随着改革开放深入,行政体制改革也随即开展,到中后期发展阶段,地方政府自主权力增多,自主意识增强,行动模式趋向开放。从认知层面而言,国家结构中自上而下的认知进步也是地方政府行动模式的重要原因。市场经济改革初期阶段,政府对市场经济认知较少,知识落后,地方政府的很多经济干预行动表现出"不接地气""瞎指挥"。后期通过自上而下的制度性培训方式,使政府决策层获得了先进的治理理念和相关知识,地方政府的行动决策更具科学性,自主能力随之增强。即使学习以往经验,也不再是简单的"照搬照抄",而是立足实际采用科学的论证手段进行判断。

如果说,自主性是地方政府自主能力获得的前提,那么嵌入性则是自主能力发挥的必要条件。虽然强调了地方政府的"自主"能力,但是这种自主是相对于中央政府而言的自主以及决策权的"祛俘获"。地方政府在进行具体的政策执行行动时,必须嵌入于社会结构的关系通道进行资源配置。因此,从这一方面来说,嵌入性决定了地方政府自主能力发挥的程度。地方政府的自主能力主要表现在产业政策制定和实施层面。

在产业政策制定时期,地方政府不仅要保证不被外部利益集团"俘获",有相对独立的决策权力,还要进行风险控制,进行相对正确的选择。由于主导产业培育的高风险性,地方政府在产业政策制定过程中额外注意运用合法性机制来进行风险规避。从主导产业选择到产业规划,豫北县政府都引入了非政府组织的专业人士参与决策过程,来进行科学研判。豫北县政府以专业人士的建议作为制定产业政策的重要依据,并在一定程度上降低了未来可能的经济风险。作为局外人的地方政府拿到了"专业保护符",在一定程度上确立了政府的自信及行动合法性。另一方面,豫北县政府将行动目标与上级政府行动目标一致化,以此来降低制度风险,取得政治合法性。在产业区规划过程中,豫北县政府特别注意市级政府的规划方案设计,以避免与其发生冲突,保持目标一致性,避免了未来可能的制度风险。

产业打造是一个漫长而曲折的过程,出现挫折和失败都是常见的现象。豫北县在实施产业政策期间,多次遇到困难和危机。在为产业集聚区进行招商引资的初期阶段,豫北县政府作为独立于市场之外的行政主体并没有市场中的有效信息。如何建构与市场的直接联系,以便获取市场信息,达到互通有无是豫北县政府需要完成的第一个市场任务。在这期间,豫北县政府利用协会和企业的中介作用,获得了有效的市场信息和机会,从而与有意向进行扩张的企业接洽。协会、商会是介于企业与政府间的联接组织,其桥梁作用可以减少很多交易成本,为双方提供合作的机会。在与企业达成协议之后,已签约的企业又充当了政府的"说客",带动了其他企业的加入。豫北县政府利用市场中介和良好的社会沟通模式建构了顺畅的市场信息联通渠道,通过市场信息机制的建立获取市场信息资源,为招商引资行动创造了条件。

在产业打造困难阶段,豫北县政府并未因危机而改变发展计划,而是在现有的发展条件下,通过策略性的目标调整来克服危机,坚持原初目标。在市场目标方面,豫北县政府根据当下的产业结构和企业发展形势,调整了引入企业目标类型,多元化地招引家具企业,从而降低同质企业的恶意竞争,以建构更加稳固的产业结构。在政治目标上,豫北县政府一方面采取增强食品加工产业和产业区基础设施建设等手段来弥补家具产业的经济任务;另一方面,大力宣传已有的产业成果,提高政治影响力以降低政治风险。

豫北县的家具产业打造在经历了困难发展期后,在 2016 年获得了承接京津冀地区产业转移的机遇。这种产业转移机遇是短期的政策机遇,与东部地区产业转移性质不同。面对发展机遇及周边地市的竞争,豫北县政府充分展示出了强大的自主能力,对机遇快速地作出了反应,使偶然的政治机遇转化为产业发展的动力。豫北县政府派出了数十支专业招商队伍,通过协会、商会等信息通道与企业进行联系,主要领导亲赴当地与企业接洽,展示出了强烈的合作意愿。这些行动都向企业释放出了豫北县政府的诚意招商的信号,企业也认可了政府的行动并做出行动选择。通过这次大规模的招商活动,豫北县政府在短时期内引入了数百家企业,其中数十家企业几乎在同一时期集体开工建设。从这一方面而言,豫北县政府把握住了政策机遇,并实现了产业的重大发展。

豫北县在机会窗口期不仅扭转了产业发展的危机,而且实现了快速发展。究其原因,从地方政府的角度而言,有效的行政资源动员是关键力量。豫北县政府主要从激励和监督两个方面来进行行动动员。在激励机制方面,豫北县政府通过正式制度和非正式制度两个方面对组织成员进行行动激励。在晋升选拔上,豫北县政府摒弃了"论资排辈"的选拔规则,采取了以效率为主的规则,将绩效作为第一考核要素。另一方面,豫北县政府利用组织权威的"示范效应"和构建行政文化来进行非正式制度的激励。豫北县政府从督查和问责两方面对组织成员的行动进行监督。督查机制主要表现为利用原有的监督体制尤其是督查机构,以项目为单位对组织成员进行约束。问责机制主要表现为通过主要领导的直接监督对行动者进行约束。

　　嵌入于国家——社会结构中的地方政府通过自主能力的发挥来控制风险,完成既定目标。政治、市场、社会作为地方政府产业打造的制度环境要素,形塑了地方政府行为,并在与地方政府行动的互构中不断变化,从而使打造过程呈现出阶段性特点。地方政府打造产业过程的阶段性特征主要表现为,不同的阶段由不同要素影响政府的行动。在第一阶段,地方政府主要受国家和社会结构影响,市场的力量相对较弱;在后两个阶段中,随着产业逐步成型,市场的力量也逐渐加大,越来越成为主导因素。豫北县政府在应对危机过程中,主要受政治和市场因素的影响。在参与打造产业的具体过程中,豫北县政府更加积极地参与市场,并在此期间不断提升了对市场的认知,增强了与市场的联接。豫北县政府通过招商引资和基础设施建设等行动将行政资源转化为市场资源,从而将自主能力范围扩大到了市场中。在产业快速发展阶段,豫北县政府的行动主要受国家、市场、社会的三重形塑,并表现出了强大的自主能力。豫北县政府不仅运用高效的运作模式对行政资源进行了有效配置,而且在市场中表现出了更准确的判断力和认知力。这也是豫北县政府在本阶段取得较好成就的重要原因。在产业打造的过程中,制度给予行动以保障,而行动也在不断地作用于制度之上。通过制度与行动的互构,产业的技术环境和制度环境同时得到了提升，更加有利于产业发展。

地方政府的行动模式既具有阶段性特点又具有连续性。地方政府行动受国家、社会等多因素的制约，在不同阶段呈现不同特点。但在行动过程中，之前的结果又是下一行动的逻辑起点，因而具有连续性。地方政府的行动方式与地方政府的自主能力有较大联系，而地方政府自主权力的获得是取得自主能力的前置条件。因而，地方政府自主权力和自主能力在不同阶段的程度不同，其行动方式也不同。

产业打造是多极互动的过程。政企关系一直贯穿于产业打造过程中，是产业打造的重要组成部分。政企关系并非是静态的关系，而是不断变化的动态建构过程。在产业打造期间，政府不断地与企业建构互动关系，而且政企关系也形塑了政府的行动。同时，政企关系也对产业组织结构有较大的影响作用。在不同阶段政企关系和产业组织结构也呈现出不同的特征。在产业打造初始时期，豫北县家具产业主要由本地企业构成，规模较小。政府有意对本地企业进行培育和合作，但并没有达成合作目标。在外来大企业进入豫北县市场后，本地小企业被政府和市场同时边缘化，外来企业占据了产业组织结构中的主导位置。而且，二者并没有直接的互动关系，处于互相隔离的状态。产业组织结构呈现出隔离式差异分层特征。在豫北县政府引入大量多元化中等企业后，本地小企业更加趋于边缘位置，最后得到被拆除的结果。而外来大企业虽然保持了原有规模，但市场的消费升级导致其发展态势较差。这些中等企业成为了豫北县家具产业组织结构的中坚力量。此时的产业组织结构趋向互通式多元统合结构。

豫北县政府对本地小企业的态度从一开始的合作转向了放弃，尤其是在外来企业进入之后，由于土地紧缺等原因，豫北县政府更是将本地小企业列入淘汰的行列中，以借机收回土地。在本地企业没有达到豫北县政府的发展期望后，豫北县政府将产业发展重心放在了外来企业上。因此，豫北县政府对外来企业一直保持了紧密的合作关系。豫北县政府从各个方面对外来企业进行扶持和保护,以实现产业打造的目标。但也正是因为这种紧密关系造成了外来企业对政府的过分依赖,增加了豫北县政府的工作负担,也使其难以从市场中退出实现。虽然现阶段国家一再强调政府退出市场,进行服务转型。但现实是,在产业起步时期,地方政府需要对其进行必要的干预,为其创造适宜发展的制度环境。随着产业发展逐渐成型,地方政府也有意退出,将产业交还给市场。但企业对政府的习惯性依赖以及社会关系的交错使得政府难以从中抽身。而且,这种复杂的关系可能导致监督失灵,带来寻租空间。"清亲"的政商关系不仅需要政府保持一定的自主性,不被企业俘获,也需要制度化监督机制来约束二者的行动。

另外,针对外来大企业的社会融入欠缺和社会责任感不强的问题,地方政府需要采取措施来引导外来大企业增强对当地社会的责任感。首先,地方政府应该制定更加严格的政策和法规,对企业的社会责任进行明确规定,并加大对企业的监督力度。其次,加强对企业的宣传教育,提高企业对于社会责任的认识和重视。同时,鼓励企业与当地社会组织合作,共同推动社会责任的履行。最后,加强对企业的奖惩机制,对于履行社会责任的企业给予激励和支持,对于违反社会责任的企业进行处罚和限制。

二、讨论:市场建设与国家建设关系

经济社会学家强调市场建设与国家建设的相互促进关系,认为市场建设是国家建设(state building)的一部分。关于市场建设和国家建设关系的基本逻辑大致可以总结为:市场无法离开国家运作;国家形塑市场和推动其发展上起重大作用。国家对市场的作用不仅表现在通过政策、规则等制度性的建立来维持市场稳定,也表现在通过权力和共享观念来影响市场的建构过程。

　　道宾(2008)在其关于铁路产业政策的著作中就明确表示,产业政策是国家政体的反映。英法美三国铁路政策的差异,实际上是三国政治体制和治理逻辑的差异。在他看来,同一个市场中存在不同的治理模式的原因在于,不同国家运用各自特有的制度化政治逻辑来创建市场规则。从这一点来看,市场建设其实是在国家建设的指引之下。弗雷格斯坦(2008)认为,市场极具不确定性,市场中的行动者必须要诉诸于国家力量才能创建稳定的交易秩序。市场中存在很多竞争环节,这些竞争往往会引起市场的混乱。这些内生的混乱必须由外在的国家进行控制。弗雷格斯坦将国家设想为可以通过政策势力范围来界定的一系列场域。正是这一系列的场域为不稳定的市场提供了稳定的可能。在场域中,政府、企业和工人共同确定势力范围,从而进行国家建构。国家之所以一直在应对市场危机,就是因为市场中的行动者对政府的游说。而且,市场的变迁取决于政府内外行动者的利益结构。

　　如果说道宾将市场建设与国家建设的关系界定为国家建设指导市场建设,那么弗雷格斯坦则将其定义为市场建设推动了国家建设。二者看似相差较大,实则统一在一个假设中。即二者都假设了先有一个强大的国家和强能力的政府,然后再有政府引导乃至主导下的"理性"的市场建构。虽然国家与市场的紧密关系是不言而喻的,绝对自由的市场是不存在的(波兰尼,2013)。但这并不意味着市场建设要完全收归于国家建设之中。国家权威和政府能力都是影响市场建设和国家建设关系的重要因素。首先,国家权威是国家在多大程度上作用于市场建设的决定因素,国家强弱的不同,必然导致国家对市场影响效应有差异。强国家和弱国家,在市场建设上的表现差异较为明显。另外,政府能力并不是给定的,也并非完全处于市场之外,而是在同市场的互动中共生共变。即使在同一权威体制中,政府的能力也有较大差异,而且在不同阶段也会有不同的特点。从这点而言,将国家建设置于市场建设之上有失偏颇,并且有先入为主之嫌。本文研究表明,主导性地方产业的打造作为一种市场建构,与地方政府能力建设是可以同步互构的。

虽然,中国的市场经济转型是由国家主导。但是在经济转型期间,国家行政管理体制也在同步转型。伴随市场建设改革,中央政府从之前的高度集权和主导支配市场转变为下放部分权力到地方政府,并由地方政府主导本地区经济发展。如果说,政府能力是建立在国家权威之上,那么分散的权威会降低国家能力。但是,实际上,中国的国家能力并未被降低,反而是一个提升的过程。原因在于,在政府进行市场建设过程中,市场也在不断地向政府回馈信息。地方政府在市场建设中累积经验,并创建市场信息联通渠道。从这层意义上来说,地方政府能力建设与市场建设是互相形塑的。因此,地方政府能力并不是一成不变的。

地方政府初始能力只能决定市场建设起点的高低,并非是市场建设成败的决定因素。初始能力较弱的地方政府可能在市场建设过程中,通过与市场的互动来提升能力,从而更好地推动市场发展。将市场建设和国家建设视为动态的互构过程,可能对二者之间的关系有更清晰的认识。

三、研究的可能贡献与不足之处

本文以经济社会学的制度主义作为理论出发点,运用"嵌入式自主"的概念分析地方政府在产业打造过程中的行动逻辑。在地方政府打造产业过程中,地方政府作为一个相对"自主"的组织,在特定的市场场域中作为一个行动主体参与经济活动。地方政府嵌入于国家——社会结构中,行动受到了国家、社会因素的影响,也受到市场因素的影响。在多重因素叠加作用下,地方政府的行动也随之改变。

与埃文斯的"嵌入式自主"相较,下降到地方政府层面的"嵌入式自主"更趋于中观层面的解释。如果说埃文斯的"嵌入式自主"是从宏观的维度探索发展型国家的可复制性,那么本文所使用的"嵌入式自主"的概念则主要倾向于地方政府行动的差异性和多元性的由来。何显明认为,地方政府行动差异性主要在于地方政府的自主性空间加大,这种自主性的扩张导致了地方政府行动的不确定性,从而造成了差异(何显明,2007a)。地方政府的"嵌入式自主"扩大了"嵌入"的范围和程度。相对于国家而言,地方政府受到社会的影响和形塑的可能更大。作为整体意志的国家,不能也不会受到社会因素的强大干预。但是作为国家——社会连接点的地方政府则与社会的接触更多,连接关系也更广。从这点而言,地方政府的"嵌入"比原概念更具有现实层面的解释力。也正是由于嵌入于国家——社会结构的程度不同,地方政府的自主能力表现也差异较大。

埃文斯将"嵌入式自主"作为两个比较变量来说明"发展型国家"的主要特征。从这一方面而言,埃文斯更多的是探讨何种类型的政府是可以促进经济发展的。但是,这种尝试更多是在宏观层面上对政府的行为进行前置性预测[①],而不是对其具体行动过程的关注。而本文则从政府的行动逻辑出发,探讨了政府的行动动机及行动机制。降维后的"嵌入式自主"对具体的经验问题更具有解释力,也能较好的连接宏观和微观层次。

本文运用"嵌入式自主"来解释地方政府行动的前提是,默认了地方政府有强烈的经济发展意愿。因此,并未关注其具体为何种程度的发展意愿。但是,地方政府的发展意愿对一个地区的产业政策是有较大影响作用的。地方政府在何种程度的发展意愿上会做出有利于本地经济发展的产业政策,并没有在本文的解释范围内。就这点而言,本文只能解释具有较大发展意愿的地方政府参与经济的行动,而对不同程度发展意愿的地方政府解释力相对不足。

另外,受调查条件和本人的能力所限,某些文本情节和事实经过

---

① 从这点而言,可能与林毅夫的新结构经济学异曲同工之处。

并不完整。虽然并没有影响到文章的整体架构，但必须承认的是，这种方式下阐述的"故事"有可能存在较大偏差。因此，"嵌入式自主"对于经验事实的解释到底具有何种程度的有效性，仍需更多的经验补充。

参考文献

著作类

［1］埃米尔·涂尔干.社会分工论［M］.渠东译,上海:三联书店,2000.

［2］安东尼·吉登斯.社会的构成［M］.上海:三联书店,1998.

［3］彼得·埃文斯等.找回国家［M］.方力维等译,上海:三联书店,2009.

［4］彼得·赫斯特洛姆.解析社会:分析社会学原理［M］.陈云松、范晓光、朱彦等译,南京:南京大学出版社,2010.

［5］边燕杰主编.市场转型与社会分层—美国社会学者分析中国［M］.上海:三联书店,2002.

［6］曹正汉.国家与市场关系的政治逻辑［M］.北京:中国社会科学出版社,2014.

［7］道格拉斯·诺斯.制度、制度变迁和经济绩效［M］.上海:上海三联书店,1994a.

［8］道格拉斯·诺斯.经济史中的结构与变迁［M］.上海:上海三联书店、上海人民出版社,1994b.

［9］符平.市场的社会逻辑［M］.上海:上海三联书店,2013.

［10］弗兰克·道宾.经济社会学［G］.冯秋石、王星译,上海:上海大学出版社,2008a.

［11］打造产业政策——铁路时代的美国、英国和法国［M］.张网成、张海东译,上海:上海大学出版社,2008b.

［12］弗兰克·道宾主编.新经济社会学读本［M］.左晗、程秀英、沈原译,上海:上海人民出版社,2013.

［13］高柏.经济意识形态与日本产业政策:1931—1965 年的发展主义［M］.上海:上海人民出社,2008a.

［14］何显明.市场化进程中的地方政府行为逻辑［M］.北京:人民出版社,2008.

［15］卡尔·波兰尼.大转型:我们时代的政治与经济起源［M］.冯刚、刘阳译,杭

州:浙江人民出版社,2007.

[16] 坎贝尔、霍林斯沃思、林德伯格.美国经济治理[M]董运生、王岩译,上海:上海人民出版社,2009.

[17] 李友梅.组织社会学与决策分析[M].上海:上海大学出版社,2009.

[18] 林毅夫.新结构经济学[M].苏剑译,北京:北京大学出版社,2012.

[19] 刘世定.经济社会学[M].北京:北京大学出版社,2011.

[20] 罗纳德·伯特.结构洞——竞争的社会结构[M].任敏、李璐、林虹译,上海:格致出版社,2008.

[21] 马克·格兰诺维特.镶嵌:社会网与经济行动[M].罗家德译,北京:社会科学文献出版社,2007.

[22] 马克·格兰诺维特、理查德·斯威德伯格主编.经济生活中的社会学[G].瞿铁鹏、姜志辉译,上海:上海人民出版社,2014.

[23] 马克思·韦伯.经济与社会[M].阎克文译,上海:上海人民出版社,2010.

[24] 马克思·韦伯.新教伦理与资本主义精神[M].康乐、简惠美译,桂林:广西师范大学出版社,2010.

[25] 曼瑟尔·奥尔森.集体行动的逻辑[M].上海:上海三联书店,1995.

[26] 尼尔·弗雷格斯坦.市场的结构——21世纪资本主义社会的经济社会学[M].甄志宏译,上海:上海人民出版社,2008.

[27] 乔尔·波多尼.地位的信号——对市场竞争的社会学研究[M].张翔、艾云、张惠强译,上海:格致出版社,2011.

[28] 青木昌彦.比较制度分析[M].周黎安译,上海:上海远东出版社,2001.

[29] 沈原.市场、阶级与社会:转型中社会学的关键议题[M].北京:社会科学文献出版社,2007.

[30] 斯科特.制度与组织[M].北京:中国人民大学出版社,2010.

[31] 斯科特.组织理论[M].黄洋等译,北京:华夏出版社,2002.

[32] 斯梅尔瑟、斯维德伯格主编.经济社会学手册(第二版)[G].罗教讲、张永宏等译,北京:华夏出版社.2009:59-80.

[33] R·科斯、A·阿尔钦、D·诺斯等.财产权利与制度变迁—产权学派与新制度学派译文集[G].上海:上海三联书店、上海人民出版社,1995.

[34] 沃尔特·鲍威尔、保罗·迪马吉奥主编.组织分析的新制度主义[G].姚伟译,上海:上海大学出版社,2008.

[35] 张静.国家与社会[M].杭州:浙江人民出版社,1998.

[36] 张军、周黎安.为增长而竞争:中国增长的政治经济学[M].上海:格致出版社,2008.

[37] 郑永年.中国模式:经验与困局[M].杭州:浙江人民出版社,2010.

［38］中国共产党第十八次全国代表大会文件汇编［G］.北京:人民出版社,2012.

［39］周黎安.转型中的地方政府:官员激励与治理［M］.上海:格致出版社,2008.

［40］周雪光.组织社会学十讲［M］.北京:社会科学文献出版社,2003.

期刊类

［1］安德鲁·G.沃尔德.作为工业厂商的地方政府:对中国过渡经济的组织分析［J］.应星译,国外社会学,1996(5-6).

［2］安德鲁·G.沃尔德.公司组织与地方国有产权:中国对私有化的抉择［J］.国外社会学,1993(06).

［3］蔡立辉.从揽政到懒政的政治学分析［J］.学术研究,2017(05).

［4］蔡秀玲、林竞君.基于网络嵌入性的集群生命周期研究——一个新经济社会学的视角［J］.经济地理,2005(03).

［5］曹正汉.产权的社会建构逻辑——从博弈论的观点评中国社会学家的产权研究［J］.社会学研究,2008(01).

［6］曹正汉.土地集体所有制:均平易、济困难——一个特殊村庄案例的一般意义［J］.社会学研究,2007(03).

［7］曹正汉.用博弈模型诠释制度的社会建构逻辑——评肖特《社会制度的经济理论》［J］.管理世界,2005(07).

［8］曹正汉.中国上下分治的治理体制及其稳定机制［J］.社会学研究,2011(01).

［9］曹正汉、罗必良.集权的政治风险与纵向分权——从历史视角看当代中国社会管理体制改革［J］.南方经济.2013(02).

［10］曹正汉、薛斌锋、周杰渐.中国地方分权的政治约束——基于地铁项目审批制度的论证［J］.社会学研究.2014(03).

［11］柴盈、何自力.论完全理性与有限理性——对现代经济学理性假设的反思［J］.华中师范大学学报(人文社会科学版),2006(05).

［12］陈家建.项目制与基层政府动员——对社会管理项目化运作的社会学考察［J］.中国社会科学,2013(02).

［13］陈家建.督查机制:科层运动化的实践渠道［J］.公共行政评论,2015(02).

［14］陈家建.项目化治理的组织形式及其演变机制——基于一个国家项目的历史过程分析［J］.社会学研究,2017(02).

［15］陈那波.海外关于中国市场转型论争十五年文献述评［J］.社会学研究,2006(05).

［16］陈天祥.中国地方政府制度创新的角色及方式［J］.中山大学学报(社会科学版),2002(03).

[17] 陈玮、耿曙.发展型国家的兴与衰:国家能力、产业政策与发展阶段[J].经济社会体制比较,2017(03).

[18] 戴长征.国家权威碎裂化:成因、影响及对策分析[J].中国行政管理:2004(06).

[19] 狄金华.政策性负担、信息督查与逆向软预算约束——对项目运作中地方政府组织行为的一个解释[J].社会学研究,2015(06).

[20] 范晓屏.社会资本、资源筹措能力与工业园区发展——以浙江工业园区为实证[J].科学学与科学技术管理,2007(03).

[21] 樊红敏.政治行政化:县域治理的结构化逻辑——一把手日常行为的视角[J].经济社会体制比较,2013(01).

[22] 冯巨章.政府、市场、企业和商会治理机制演化研究[J].中国经济问题,2012(04).

[23] 冯猛.后农业税费时代乡镇政府的项目包装行为:以东北特拉河镇为例[J].社会,2009(04).

[24] 冯猛.基层政府与地方产业选择——基于四东县的调查[J].社会学研究,2014(02).

[25] 冯猛.项目制下的"政府—农民"共事行为分析——基于东北特拉河镇的长时段观察[J].南京农业大学学报(社会科学版),2015(05).

[26] 冯猛.政策实施成本与上下级政府讨价还价的发生机制基于四东县休禁牧案例的分析[J].社会,2017(03).

[27] 冯仕政.政治市场想象与中国国家治理分析——兼评周黎安的行政发包制理论[J].社会,2014(06).

[28] 冯兴元.市场化——地方模式的演进道路[J].中国农村观察,2001(01).

[29] 符平.次生庇护的交易模式、商业观与市场发展[J].社会学研究,2011(05).

[30] 符平.惯例的理论位置及其市场秩序关系:一个初步框架[J].浙江社会科学,2011(09)

[31] 符平.迈向市场社会学的综合范式——评弗雷格斯坦《市场的结构》兼议其范式修正[J].社会学研究,2010(02).

[32] 符平."嵌入性":两种取向及其分歧[J].社会学研究,2009(05).

[33] 符平.市场社会学的逻辑起点与研究路径[J].浙江社会科学,2013(08).

[34] 符平.市场体制与产业优势——农业产业化地区差异形成的社会学研究[J].社会学研究,2018(01).

[35] 高柏.新发展主义与古典发展主义——中国模式与日本模式的比较分析[J].社会学研究,2006(01).

[36] 高柏.中国经济发展模式转型与经济社会学制度学派[J].社会学研究，2008(04).

[37] 高博.权利冲突与目标转移:特色产业打造中的意外后果[J].学海,2017(06).

[38] 耿曙、陈玮.政企关系、双向寻租与中国的外资奇迹[J].社会学研究,2015(05).

[39] 耿曙、林瑞华.地方治理模式与企业转型升级——以富士康为案例的考察[J].公共治理评论,2014(01).

[40] 耿曙、庞保庆、钟灵娜.中国地方领导任期与政府行为模式:官员任期的政治经济学[J].经济学(季刊),2016(04).

[41] 顾昕、王旭.从国家主义到法团主义——中国市场转型过程中国家与专业团体关系的演变[J].社会学研究,2005(02).

[42] 郭正林.论政府与市场结合的基本模式[J].中山大学学报,1995(02).

[43] 何显明.市场化进程中的地方治理模式变迁及其内在逻辑——基于浙江的个案研究[J].中共浙江省委党校学报,2005(06).

[44] 何显明.地方政府研究:从职能界定到行为过程分析[J].江苏行政学院学报,2006(05).

[45] 何显明.市场化进程中的地方政府角色行为模式及其变迁——浙江现象的行政学解读[J].浙江社会科学,2007(04).

[46] 何显明.市场化进程中的地方政府角色及其行为逻辑——基于地方政府自主性的视角[J].浙江大学学报(人文社会科学版),2007(06).

[47] 何显明.浙江地方政府创新实践的生成机制与演进逻辑[J].中共宁波市委党校学报,2008(05).

[48] 何显明.政府与市场:互动中的地方政府角色变迁——基于浙江现象的个案分析[J].浙江社会科学,2008(06).

[49] 何雄浪、李国平.基于分工演进、社会资本的产业集群形成与发展机理分析[J].科技管理研究,2006(9).

[50] 河南省产业集聚区发展报告课题组.2014年河南产业集聚区发展报告[N].河南日报,2015年2月4日,第09版.

[51] 贺雪峰、刘岳.基层治理中的"不出事逻辑"[J].学术研究,2010(06).

[52] 洪银兴、曹勇.经济体制转轨时期的地方政府功能[J].经济研究,1996(05).

[53] 洪银兴、陈宝敏.苏南模式的新发展——兼与温州模式比较[J].宏观经济研究,2001(07).

[54] 洪银兴.地方政府行为和中国市场经济的发展[J].经济学家,1997(01).

［55］洪银兴. 中国经济转型和转型经济学［J］. 经济学动态,2006(07).

［56］洪银兴. 苏南模式的演进及其对创新发展模式的启示［J］. 南京大学学报
(哲学. 人文科学. 社会科学版),2007(02).

［57］黄少安、张卫国. 新老制度经济学理论体系的比较:从"本能、习惯"到"交易
成本"［J］. 江海学刊,2006(06).

［58］黄少安. 经济学为什么和怎样研究制度［J］. 学术月刊,2009(05).

［59］黄宗智. 改革中的国家体制:经济奇迹和社会危机的同一根源［J］. 开放时
代,2009(04).

［60］黄宗智. 中国发展经验的理论与实用含义——非正规经济实践［J］. 开放时
代,2010(10).

［61］惠宁. 社会资本与产业集群的互动研究［J］. 西北大学学报(哲学社会科学
版),2006(02).

［62］IUD领导决策数据分析中心. 河南产业集聚区样本分析［R］. 领导决策信
息,2012(04).

［63］吉国秀、王伟光. 产业集群与区域竞争合作机制:一种基于社会网络的分析
［J］. 中国科技论坛,2006(03).

［64］贾宝林. 市场转型中地方政府角色的新变化及其原因分析［J］. 前沿,2008
(04).

［65］蒋德权、姜国华、陈冬华. 地方官员晋升与经济效率:基于政绩考核观和官
员异质性视角的实证考察［J］. 中国工业经济,2015(10).

［66］金祥荣. 多种制度变迁方式并存和渐进转换的改革道路——"温州模式"及
浙江改革经验［J］. 浙江大学学报(人文社会科学版),2000(04).

［67］李春发、邹雅玲、王雪红. 企业社会资本嵌入对生态产业共生网络的影响研
究［J］. 工业技术经济,2014(08).

［68］李敢. 文化产业与地方政府行动逻辑变迁——基于Z省H市的调查［J］. 社
会学研究,2017(04).

［69］李猛、沈坤荣. 地方政府行为对中国经济波动的影响［J］. 经济研究,2010
(12).

［70］李军杰、钟君. 中国地方政府经济行为分析——基于公共选择视角［J］. 中
国工业经济. ,2004(04).

［71］李军杰. 经济转型中的地方政府经济行为变异分析［J］. 中国工业经济,
2005(01).

［72］李胜兰. 社会资本与产业集群企业合作效率研究［J］. 中山大学学报(社会
科学版),2008(05).

［73］李松玉、曲延春. 乡镇政府招商引资的行为逻辑及其治理［J］. 山东社会科

2012(06).

[74] 李伟. 论政府在招商引资中的职能定位[J]. 求实,2010(03).

[75] 李毅、顾延生. 制度嵌入性视角的产业集群发展研究——以青海藏毯产业集群为例[J]. 青海社会科学,2013(03).

[76] 李永刚. 多重比大小:地方官员的隐蔽治理逻辑[J]. 经济社会体制比较,2009(02).

[77] 练宏. 注意力竞争——基于参与观察与多案例的组织学分析[J]. 社会学研究,2016(04).

[78] 梁波、王海英. 市场、制度与网络:产业发展的三种解释范式[J]. 社会,2010(06).

[79] 林竞君. 嵌入性、社会网络与产业集群——一个新经济社会学的视角[J]. 经济经纬,2004(05).

[80] 林南. 地方性市场社会主义:中国农村地方法团主义之实际运行[J]. 国外社会学,1996(5-6).

[81] 林毅夫、李永军. 比较优势、竞争优势与发展中国家的经济发展[J]. 管理世界,2003(07).

[82] 林毅夫、刘志强. 中国财政分权与经济增长[J]. 北京大学学报(哲学社会科学版),2000(04).

[83] 刘乃全、任光辉. 专业市场扩张、特色产业集聚与区域分工深化——两大"专业市场辐射圈"的比较和启示[J]. 产业经济研究,2011(02).

[84] 刘亚平. 对地方政府间竞争的理念反思[J]. 人文杂志,2006(02).

[85] 刘玉照、应可为. 社会学中的组织研究:在研习和交流中走向规范[J]. 社会,2007(02).

[86] 刘玉照、田青. 新制度是如何落实的?——作为制度变迁新机制的"通变"[J]. 社会学研究,2009(04).

[87] 陆立军、白小虎. 从"鸡毛换糖"到企业集群——再论"义乌模式"[J]. 财贸经济,2000(11).

[88] 陆立军. 中国小商品城的崛起与农村市场经济发展的义乌模式[J]. 经济社会体制比较,1999(01).

[89] 陆立军. "义乌商圈":形成机理与发展趋势——三论"义乌模式"[J]. 商业经济与管理,2006(06).

[90] 陆立军. 中国小商品城与农村经济发展的义乌模式[J]. 商业经济与管,1997(06).

[91] 陆立军. 从"义乌模式"看中国的改革开放[J]. 中共中央党校学报,2008(03).

[92] 陆立军."义乌模式"的成因及其与"浙江模式"的关系[J].财经论丛,2008 (04).

[93] 罗昆、李道先.新制度主义的制度分析:经济学与社会学的释读与整合 [J].经济研究参考,2013(02).

[94] 倪志伟著、郭佩惠译.自下而上的经济发展和国家的作用[J].国外理论动 态,2013(09).

[95] 欧阳静.压力型体制与乡镇的策略主义逻辑[J].经济社会体制比较(双月 刊),2011(03).

[96] 丘海雄、徐建牛.产业集群技术创新中的地方政府行为[J].管理世界, 2004(10).

[97] 丘海雄、徐建牛.市场转型过程中地方政府角色研究述评[J].社会学研 究,2004(04).

[98] 渠敬东、周飞舟、应星.从总体支配到技术治理——基于中国30年改革经 验的社会学分析[J].中国社会科学,2009(06).

[99] 渠敬东.项目制:一种新的国家治理体制[J].中国社会科学,2012(05).

[100] 任剑涛.工业、市场与现代国家[J].思想战线,2016(03).

[101] 盛志明.地方政府部门如何规避风险?——以A市社区物业管理新政为 例[J].社会学研究,2017(05).

[102] 史晋川.温州模式的历史制度分析——从人格化交易与非人格化交易视 角的观察[J].浙江社会科学,2004(02).

[103] 史晋川、朱康对.温州模式研究:回顾与展望[J].浙江社会科学,2002 (03).

[104] 孙立平.社会主义研究中的新制度主义理论[J].国外社会学,1996(5-6).

[105] 孙同全.组织趋同现象的社会学新制度主义解释——评介周雪光《组织社 会学十讲》[J].北京工商大学学报(社会科学版),2004(06).

[106] 陶然、苏福兵、陆曦等.经济增长能带来晋升吗?——对晋升锦标赛理论 的逻辑挑战与省级实证重估[J].管理世界,2010(12).

[107] 谭海波、赵雪娇."回应式创新":多重制度逻辑下的政府组织变迁—以 广东省J市行政服务中心的创建过程为例[J].公共管理学报,2016(10).

[108] 唐海华."压力型体制"与中国的政治发展[J].宁波党校学报,2006(01).

[109] 唐睿、刘红芹.从锦标赛到二元竞争:中国地方政府行为变迁的逻辑—— 基于1998—2006年中国省级面板数据的实证研究[J].公共管理学报, 2012(01).

[110] 托尼·赛奇、邵明阳.盲人摸象:中国地方政府分析[J].经济社会体制比 较,2006(04).

[111] W. R. 斯科特、李国武. 对组织社会学 50 年来发展的反思[J]. 国外社会科学,2006(01).

[112] 王春光. 地方性与县域现代化实践——基于对太仓与晋江持续近三十年的调查[J]. 社会学研究,2023(05).

[113] 王汉生、王一鸽. 目标管理责任制:农村基层政权的实践逻辑[J]. 社会学研究,2009(02).

[114] 王绍光. 大转型:1980 年代以来中国的双向运动[J]. 中国社会科学,2008(01).

[115] 王玉海. 新制度经济学的理论演进及其逻辑起点[J]. 东方论坛,2006(02).

[116] 吴怀友、刘明华. 首长负责制与民主集中制关系论析[J]. 理论探讨,2005(05).

[117] 向静林. 市场治理的制度逻辑——基于风险转化的理论视角[J]. 社会学评论,2017(03).

[118] 向静林、张翔. 创新型公共物品生产与组织形式选择——以温州民间借贷服务中心为例[J]. 社会学研究,2014(05).

[119] 杨爱民. 区域主导产业选择理论与应用——以云南文山三七主导产业选择为例[J]. 文山师范高等专科学校学报,2009(12).

[120] 杨开忠、陶然、刘明兴. 解除管制、分权与中国经济转轨[J]. 中国社会科学,2003(03).

[121] 杨玲丽. 西方经济社会学"文化分析范式"的百年流变及其新动向[J]. 贵州社会科学,2011(04).

[122] 杨玲丽. 超越"嵌入性"约束共建产业园——苏州工业园"飞地经济"促产业转移[J]. 经济体制改革,2014(03).

[123] 杨玲丽. "嵌入性"约束下的产业转移制度安排——江苏省南北挂钩共建产业园区的经验借鉴[J]. 科技进步与对策,2015a(03).

[124] 杨玲丽. "制度创新"突破产业转移的"嵌入性"约束——苏州、宿迁两市合作共建产业园区的经验借鉴[J]. 中外企业,2015b(05).

[125] 杨瑞龙、杨其静. 阶梯式的渐进制度变迁模型:再论地方政府在我国制度变迁中的作用[J]. 经济研究,2000(03).

[126] 杨瑞龙. 我国制度变迁方式转换的三阶段论[J]. 经济研究,1998(01).

[127] 杨善华、苏红. 从代理型政权经营者到谋利型政权经营者[J]. 社会学研究,2002(01).

[128] 杨雪冬. 压力型体制:一个概念的简明史[J]. 社会科学,2012(11).

[129] 姚国础. 产业社会学的产生及其社会意义[J]. 社会,1988(01).

[130] 叶健民.迈向共生性的中国农村政企关系[J].香港社会科学学报,2000
(17).

[131] 叶盛楠."压力型体制"在县域政治中的运行过程——以内蒙古 S 县为研究个案[J].中共杭州市委党校,2012(03).

[132] 于萍.市场扩张战略组合模型及其关键影响要素研究[J].东北财经大学学报,2007(12).

[133] 张建君.政府权力、精英关系和乡镇企业改制——比较苏南和温州的不同实践[J].社会学研究,2005(05).

[134] 张静.行政包干的组织基础[J].社会,2014(06).

[135] 张明龙、徐璐.专业化产业区发展动力机制的实证研究——以浙江永康五金产业区为个案[J].生产力研究,2007(19).

[136] 张文宏.社会资本:理论争辩与经验研究[J].社会学研究,2003(04).

[137] 张旭昆.制度的定义与分类[J].浙江社会科学,2002(06).

[138] 张闫龙.财政分权与省以下政府间关系的演变——对 20 世纪 80 年代 A
省财政体制改革中政府间关系变迁的个案研究[J].社会学研究,2006
(03).

[139] 赵德鑫.市场化与工业化:经济现代化的两个主要层次[J].中国经济史研究,2010(01).

[140] 赵树凯.地方政府公司化:体制优势还是劣势?[J].文化纵横,2012(02).

[141] 折晓叶、陈婴婴.项目制的分级运作机制和治理逻辑——对"项目进村"案例的社会学分析[J].中国社会科学,2010(04).

[142] 折晓叶.县域政府治理模式的新变化[J].中国社会科学,2014(01).

[143] 甄志宏、高柏、冯秋石.政府建构还是市场建构:义乌小商品市场的兴起[J].社会科学研究,2016(03).

[144] 甄志宏.从网络嵌入性到制度嵌入性——新经济社会学制度研究前沿[J],江苏社会科学,2006(03).

[145] 甄志宏.网络、制度和文化:经济社会学研究的三个基本视角[J].江海学刊,2009(04).

[146] 钟培武.产业转移与中部地区招商引资模式转换分析[J].河南社会科学,2008(11).

[147] 钟伟军.地方政府在社会管理中的"不出事"逻辑:一个分析框架[J].浙江社会科学,2011(09).

[148] 周飞舟.从汲取型政权到"悬浮型"政权——税费改革对国家与农民关系之影响[J]社会学研究,2006(03).

[149] 周飞舟.生财有道:土地开发和转让中的政府和农民[J].社会学研究,

2007(01).

[150] 周飞舟. 锦标赛体制[J]. 社会学研究,2009(03).

[151] 周飞舟. 大兴土木:土地财政与地方政府行为[J]. 经济社会体制比较,2010(03).

[152] 周黎安. 晋升博弈中政府官员的激励与合作——兼论我国地方保护主义和重复建设问题长期存在的原因[J]. 经济研究,2004(06).

[153] 周黎安. 中国地方官员的晋升锦标赛模式研究[J]. 经济研究,2007(07).

[154] 周黎安. 行政发包制[J]. 社会,2014(06).

[155] 周黎安. 再论行政发包制:对评论人的回应[J]. 社会,2014(06).

[156] 周石生. "嵌入型"集群中外资企业与本土企业的发展[J]. 中国商界(下半月),2008(08).

[157] 周雪光、艾云. 多重逻辑下的制度变迁:一个分析框架[J]. 中国社会科学,2010(04).

[158] 周雪光、练宏. 中国政府的治理模式:一个"控制权"理论[J]. 社会学研究,2012(05).

[159] 周雪光. "关系产权":产权制度的一个社会学解释[J]. 社会学研究,2005(02).

[160] 周雪光. "逆向软预算约束"一个政府行为的组织分析[J]. 中国社会科学,2005(02).

[161] 周雪光. 行政发包制与帝国逻辑 周黎安《行政发包制》读后感[J]. 社会,2014(06).

[162] 周雪光. 基层政府间的"共谋现象"——一个政府行为的制度逻辑[J]. 社会学研究,2008(06).

[163] 周雪光. 西方社会学关于中国组织与制度变迁研究状况述评[J]. 社会学研究,1999(04).

[164] 周雪光. 中国国家治理及其模式:一个整体性视角[J]. 学术月刊,2014(10).

[165] 周耀东. 市场竞争和政府管制——中国产业组织理论问题的综述[J]. 上海经济研究,2000(11).

[166] 周耀东. 现代产业组织理论的沿革和发展[J]. 经济评论,2002(04).

[167] 周业安、冯兴元、赵坚毅. 地方政府竞争与市场秩序的重构[J]. 中国社会科学,2004(01).

[168] 周业安. 地方政府竞争与经济增长[J]. 中国人民大学学报,2003(01).

[169] 周振华. 经济发展中的政府选择[J]. 上海经济研究,2004(07).

[170] 朱虹. 中国乡村经济的起飞——结构性动因与地方政府法团化[J]. 二十

一世纪,2001(08).

[171] 朱华晟.浙江传统产业集群成长的社会网络机制[J].经济经纬,2004 (03).

[172] 朱天飚.发展型国家的衰落[J].经济社会体制比较,2005(05).

[173] 朱天飚.《社会科学中的研究设计》与定性研究[J].公共行政评论,2015 (04).

[174] 朱天飚.定性研究:从实证到解析[J].公共管理评论,2017(03).

[175] 朱瑜、王雁飞、蓝海林.产业网络中社会嵌入影响机制及其效应研究[J]. 科技管理研究,2008(02).

[176] 朱玉明、孙圣民.产业政策演变与地方政府角色转换[J].山东社会科学, 2005(10).

学位论文

[1] 高博.文化、政治与生产市场扩张——西村家具市场个案研究[D].华中师 范大学,2015.

[2] 蒿慧杰.河南省产业集聚区科学发展问题研究[D].郑州大学,2009.

[3] 何显明.市场化进程中的地方政府行为自主性研究——基于浙江的个案分 析[D].复旦大学,2007.

[4] 李崇.河南省产业集聚区发展中的地方政府行为研究[D].郑州大学,2013.

[5] 赵华.河南省产业集聚区的形成与发展研究[D].天津工业大学,2011.

外文类

[1] Andrew G Walder. Local Governments as Industrial Firms: An Organizational Analysis of China's Transitional Economy. [J]. American Sociologist. 1995.

[2] Andrew Mertha. "Fragmented Authoritarianism 2.0": Political Pluralization in the Chinese Policy Process. [J]. The China Quarterly, 2009.

[3] Boltho Andrea. Was Japan's Industrial Policy Successful? [J]. Cambridge Journal of Economics. 1985.

[4] Brian Uzzi. The Sources and Consequences of Embeddedness for the Economic Performance of Organizations: The Network Effect. [J]. American Sociological Review, 1996.

[5] Brian Uzzi. Social Structure and Competition in Interfirm Networks: The Paradox of Embeddedness. [J]. Administrative Science Quarterly, 1997.

[6] Brian Uzzi. Embeddedness in the Making of Financial Capital: How Social Relations and Networks Benefit Firms Seeking Financing [J]. American Sociological Review, 1999.

[7] Cai Hongbin, & Daniel Treisman. Did Government Decentralization Cause

China's Economic Miracle? [J]. World Politics. 2007.

[8] Cao Y, Yingyi Qian &. Berry Weingast. From Federalism Chinese Style to Privatization Chinese Style. [J]. Economics of Transition. 1999.

[9] Cheris Shun-ching Chan. Creating a market in the presence of cultural resistance: the case of life insurance in China. [J]. Theory Soc, 2009.

[10] Cheris Shun-ching Chan. Culture, state and varieties of capitalism: a comparative study of life insurance markets in Hong Kong and Taiwan. [J]. The British Journal of Sociology, 2012.

[11] Dimaggio Paul &. Walter Powell. The Iron Cage Revisited: Institutional Isomorphism and Collective Rationality. [J]. American Sociologist. 1983.

[12] Gao Bai. The State and the Associational Order of the Economy: The Institutionalization of Cartels and Trade Associations in Japan, 1931 to 1945. in The Sociology of the Economy, [G]. (ed.)by Frank Dobbin. New York: Russell Sage Foundation. 2004.

[13] Granovetter M. Economic Action and Social Structure: The Problem of Embeddedness. [J]. The American Journal of Sociology, 1985.

[14] Granovetter M. Economic Institutions as Social Construction: A Framework for Analysis. [J]. Acta Sociological, 1992.

[15] Hall Peter, The Political Power of Economic Ideas: Keynesianism Across Nations. [M]. Princeton: Princeton University Press. 1989.

[16] Helper Susan &. Janet Kiehl. Developing Supplier Capabilities: Market and Non-Market Approaches. [J]. Industry and Innovation. 2004.

[17] Humphrey John. Globalization and Supply Chain Networks: The Auto Industry in Braziland India. [J]. Global Networks. 2003.

[18] Jin Hehui, Yingyi Qian, &.Berry Weingast. Regional Decentralization and Fiscal Incentives: Federalism, Chinese Style. [J]. Journal of Public Economics. 2005.

[19] John Humphrey. Globalisation and Supply Chain Networks: the Auto Industry in Brazil and India. [J]. International Institute for Labour Studies, 1999.

[20] John L. Campbell. Institutional analysis and the role of ideas in political economy. [J]. Theory and Society. 1998.

[21] Joel M. Podolny &. Karen L. Page. Network Forms of Organization[J]. Annual Review of Sociology, 1998.

[22] Kraemer Kenneth &. Jason Dedrick. Creating a Computer Industry Giant: China's Industrial Policies and Outcomes in the 1990s. [J]. https://

escholarship. org/uc/item/7x26b75s, 2001.

[23] Lin Nan, Local Market Socialism: Local Corporatism in Action in Rural China. [J]. Theory and Society 1995.

[24] Meyer John W &-Brian Rowen. Institutionalized Organizations: Formal Structure as Myth and Ceremony. [J]. The American Journal of Sociology. 1977.

[25] Montinola G, Yingyi Qian, &- Berry Weingast. Federalism, Chinese Style: The Political Basis for Economic Success in China. [J]. World Politics. 1995.

[26] Nee Victor. Organizational Dynamics of Market Transition: Hybric Forms, Property Rights, and Mixed Economy in China. [J]. Administrative Science Quarterly. 1992.

[27] Nee Victor. A Theory of Market Transition: From Redistribution to Markets in State Socialism. [J]. American Sociological of Review. 1989.

[28] Neil Fligstein &- Luke Dauter. The Sociology of Markets. [J]. Annual Review of Sociology. 2007.

[29] Neil Fligstein. Markets as Politics: A Political-Cultural Approach to Market Institutions. [J]. American Sociological Review, 1996.

[30] Nelson Richard R. Co-Evolution of Industry Structure, Technology and Supporting Institutions, and the Making of Comparative Advantage. [J]. International Journal of the Economics of Business. 1995.

[31] Neumann Manfred. Industrial Policy and Competition Policy. [J]. European Economic Review, 1990.

[32] Nohria Nitin &- Carlos Garcia-Pont. Global Strategic Linkages and Industry Structure. [J]. Strategic Management Journal, 1991.

[33] Oi Jean. Fiscal Reform and the Economic Foundation of Local State Corporatism in China. [J]. World Politics 1992.

[34] Oi Jean. The Role of the Local State in China's Transitional Economy. [J]. China Quarterly 1995.

[35] Oliver E. Williamson. Transaction Cost Economics: How It Works; Where It is Headed. [J]. De Economist. 1998.

[36] Peng Yusheng. Chinese Villages and Townships as Industrial Corporations: Ownership, Governance, and Market Discipline. [J]. American Journal of Sociology 2001.

[37] Peter Evans. Predatory, Development, and Other Apparatuses: A Comparative

Political Economy Perspection the Third World State [J]. Sociology Forum, 1989.

[38] Peter Evans. Embedded autonomy: states and industrial transformation [M]. Princeton: Princeton University Press, 1995.

[39] Qian Yingyi & Berry Weingast. China's Transition to Markets: Market-Preserving Federalism, Chinese Style. [J]. Journal of Policy Reform. 1996.

[40] Qian Yingyi & Gerard Roland. Federalism and the Soft Budget Constraint. [J]. The American Economist. 1998.

[41] Robin Pearson & David Richardson. Business Networking in the Industrial Revolution. [J]. The Economic History Review, 2001.

[42] Shue, V. The Reach of the State: Sketches of the Chinese Body [J]. Politic. 1988.

[43] Thelen Kathleen. Historical Institutionalism in Comparative Politics. [J]. Annual Review of Political, 1999.

[44] Wank David L. The Institutional Process of Market Clientelism: Guanxi and Private Business in a South China city. [J]. China Quarterly, 1996.

[45] Wei Chen & Shu Keng. The Chinese developmental state in transition: in light of the East Asian experiences. [J]. Journal of Chinese Governance, 2017.

[46] White Harrison C Where do Markets Come from? [J]. The American Journal of Sociology 1981.

[47] Zelizer Viviana. Human Values and the Market: The Case of Life Insurance and Death in 19th-Century America. [J]. The American Journal of Sociology, 1978.

[48] Zelizer Viviana. Past and Futures of Economic Sociology. [J]. American Behavioral Scientist, 2007.

[49] Zelizer Viviana. The Price and Value of Children: The Case of Children's Insurance. [J]. American Journal of Sociology, 1981.

附　录

I：豫北县 2016 年责任目标执行情况考核表

责任单位领导签字：			填报日期：						
目标项目		目标项目及要求	自查自报			主管部门认定			评价	
大项	子项		实际完成	占目标%	超或低目标百分点	实际完成	占目标%	超或低目标百分点	基分	得分
经济规模质量效益目标	1	地区生产总值增长 10%								
	2	第三产业增加值增长 11%								
		第三产业增加值占生产总值的比重为 25%								
	3	规模以上工业企业增加值增长 15%								
	4	固定资产投资增长 20%								
	5	一般公共预算收入增长 10%								
	6	国税部门组织的地方税收完成 3611 万元								
	7	地税部门组织的地方税收完成 32656 万元								

目标项目		目标项目及要求	自查自报			主管部门认定			评价	
大项	子项		实际完成	占目标%	超或低目标百分点	实际完成	占目标%	超或低目标百分点	基分	得分
	8	社会消费品零售总额增长13%								
	9	实际利用外资8195万美元								
	10	引进省外资金26.89亿元								
	11	外贸出口总额4205万美元								
	12	高新技术产业增加值增长21%								
		高新技术产业增加值占规模以上工业增加值比重为17.1%								
	13	产业集聚区完成固定资产投资148亿元,增长17.4%								
		主营业务收入235亿元,增长9.3%								
	14	完成市级以上确定的各类重点建设项目								
	15	城镇居民人均可支配收入增长9%								
	16	农民人均可支配收入增长11%								

目标项目		目标项目及要求	自查自报			主管部门认定			评价	
大项	子项		实际完成	占目标%	超或低目标百分点	实际完成	占目标%	超或低目标百分点	基分	得分
社会发展和民生改善目标	17	城镇化率提高 2.1 个百分点								
	18	完成新增贷款 9.5 亿元,新增资本市场融资 10.7 亿元,其中涉农贷款增量不低于去年,增速不低于各项贷款平均增速								
	19	城镇新增就业人数 4600 人								
	20	基本医疗保险参保人数达到 63300 人								
		新农合参保人数达到 645000 人								
		职工基本养老保险参保人数达到 29395 人								
	21	新增脱贫人口 11487 人								
	22	加强食品安全监管,不发生重大食品安全事故								
	23	年内申报河南省著名商标至少 4 件								
		培育中国驰名商标 1 件								

目标项目		目标项目及要求	自查自报			主管部门认定			评价	
大项	子项		实际完成	占目标％	超或低目标百分点	实际完成	占目标％	超或低目标百分点	基分	得分
生态环境和可持续发展目标	24	万元生产总值能耗降低率完成市定目标								
	25	完成化学需氧量、氨氮、二氧化硫、氮氧化物四项主要污染物排放量减排任务								
		可吸入颗粒物(PM10)平均浓度达到 115 微克/立方米以下								
		细颗粒物(PM2.5)平均浓度达到 78 微克/立方米以下								
	26	地表水水质、空气质量达标率完成市定目标,无重大环境污染事故发生								
	27	完成植树 220 万株								
		工程造林面积 1 万亩								
	28	完成市定耕地保护和土地违法比例控制目标								
	29	切实加强廉政建设,无重大违法违纪案件发生								

目标项目		目标项目及要求	自查自报			主管部门认定			评价	
大项	子项		实际完成	占目标%	超或低目标百分点	实际完成	占目标%	超或低目标百分点	基分	得分
和谐社会建设和社会稳定目标	30	认真落实社会治安综合治理各项措施,无重特大群体性事件和刑事治安案件发生,确保本地社会大局稳定								
	31	扎实开展信访工作,积极创建"三无"县区								
	32	严格落实安全生产责任制,有效控制较大生产安全事故,杜绝重大、特别重大生产事故								
注:各县(区)根据年初签订目标填写自查自报情况。										

Ⅱ:主要受访者清单

序号	访谈文件名	受访者代称	性别	职业
1	20130801Z	ZLB	男	本地家具厂老板
2	20130802Z	ZCZ	男	本地家具协会会长、本地家具厂老板
3	20130803W	WLB	男	本地家具厂老板
4	20140403M	MZR	男	产业聚集区管委会主任
5	20140404S;20140408ZS	SZR	男	家具办公室主任
6	20140408ZS	ZLB	男	本地家具厂老板

续 表

序号	访谈文件名	受访者代称	性别	职业
7	20141006C；20161013C	CLB	男	本地家具厂老板
8	20141006Z	ZTX	男	乡镇公务员
9	20141006Z	CTX	男	家具厂人员
10	20141006Z	STX	男	政府宣传系统人员
11	20161025F	FZR	男	产业集聚区领导
12	20161106C	CMM	女	家具厂人员
13	20161101M	MCZ	男	原产业集聚区领导
14	20161102S	SJJ	女	产业集聚区工作人员
15	20161102L	LZR	男	产业集聚区工作人员
16	20161104G	GKY	男	原宣传系统人员
17	20161108Q	LQY	男	外来家具厂工作人员
18	20161110T	TXZ	男	原党校系统领导
19	20161115Z	ZJL	男	产业集聚区工作人员
20	20170610L	LJZ	男	招商局领导
21	20170610Z	ZHZ	男	家具协会会长
22	20170613H、20170613Z	HXZ	男	县政府领导
23	20170613Z	WJZ	男	规划局领导
24	20170614J	JJZ	男	招商局领导
25	20170614S	LLB	男	外地家具厂老板
26	20170821L	LTX	男	宣传系统人员

后　记

2018年自华师毕业后，有两年都不愿回望自己的博士毕业论文，逃避的心态占据上风。因为写作过程的不甚顺利，身体和信心受到双重打击。明知论文中尚存较多问题，但无从下手，也不想思考。这个阶段就是所谓的学术转折期吧。随着角色的变化，身体的好转，当然也有课题申请的压力，终于敢直面博士论文，认真审视修改。尤其是在确定要出版之后，更是逐字阅读了数遍，校对的过程亦是重新认识彼时的自己的过程。此刻，竟然回味起博士论文写作期间的纯净的内心和纯粹的时间。华师现在应该是玉兰、樱花满枝丫了吧。

本书是2022年河南省软科学项目"乡村振兴背景下县域产业发展路径研究"（项目号222400410150）的结项成果。地方政府对于经济发展的作用在学界基本达成共识，即地方政府是推动经济发展和市场化改革的重要力量。以往研究从行为动机、行为模式、行为逻辑等视角探讨了市场中的地方政府行为，但往往有意无意地忽略了社会对政府行为的影响。本书主要从七章三个部分，展示了地方政府在产业基础十分薄弱的条件下如何打造出一个初具规模效应的主导产业，以期对县域的产业发展有所助力。

从2008年到2018年再到2024年，两个阶段，两段成长。十年华师的学习，让我认识了社会学，并跟随导师的脚步进入经济社会学领域。六年河师大的职业积累，让我独立地开始了对专业的再认识和对自己的深刻反思。两段时光，都是人生中的难忘痕迹。感谢华师,感谢社会学院将我带入了社会学的门中,让我领略了社会学的魅力和价值。感谢符平老师一直以来的栽培与扶植。符老师领我进入了一片崭新的学术天地,并细心地教我如何独立研究,虽严厉,但真诚。此本著作也是在符老师的点睛之下成型,学生深感愚钝,唯恐辜负老师的付出。

感谢河南省新时代文明实践中心、河南省社会工作与社会治理软科学研究基地、中国志愿服务研究中心河南(新乡)分中心、河南省青少年问题研究中心对本专著出版的资助。感谢河南师范大学提供研究发展平台和经费支持,感谢社会事业学院的领导及同事们对我的支持。

感谢田野调查期间积极配合的各位政府和企业的工作人员,感谢郑秀艳编辑的细致校对和帮助。

最后,感谢父母予我后盾,感谢凯哥无条件的信赖!

本书不足之处敬请学界同仁批评指正!

高博

2024 年 4 月

于崇智楼

图书在版编目(CIP)数据

县域产业打造的地方政府行动逻辑/高博著.—上海：上海三联书店，2024.6
ISBN 978－7－5426－8544－5

Ⅰ.①县…　Ⅱ.①高…　Ⅲ.①县级经济－产业发展－研究－中国　Ⅳ.①F127

中国国家版本馆 CIP 数据核字(2024)第 112102 号

县域产业打造的地方政府行动逻辑

著　　者 / 高　博

责任编辑 / 郑秀艳
装帧设计 / 一本好书
监　　制 / 姚　军
责任校对 / 王凌霄

出版发行 / 上海三联书店
　　　　　(200041)中国上海市静安区威海路 755 号 30 楼
邮　　箱 / sdxsanlian@sina.com
联系电话 / 编辑部：021－22895517
　　　　　发行部：021－22895559
印　　刷 / 上海惠敦印务科技有限公司

版　　次 / 2024 年 6 月第 1 版
印　　次 / 2024 年 6 月第 1 次印刷
开　　本 / 890 mm × 1240 mm　1/32
字　　数 / 180 千字
印　　张 / 7.125
书　　号 / ISBN 978－7－5426－8544－5/F·919
定　　价 / 58.00 元

敬启读者,如发现本书有印装质量问题,请与印刷厂联系 021－63779028